浙水遗韵

源起衢州

《浙水遗韵》编委会 编

杭州出版社

图书在版编目（CIP）数据

源起衢州 / 《浙水遗韵》编委会编 . -- 杭州 : 杭州出版社， 2022.12（2023.6 重印）
（浙水遗韵）
ISBN 978-7-5565-1956-9

Ⅰ . ①源… Ⅱ . ①浙… Ⅲ . ①水－文化遗产－介绍－衢州②水利工程－文化遗产－介绍－衢州 Ⅳ . ① K928.4 ② K878.4

中国版本图书馆 CIP 数据核字（2022）第 216439 号

源起衢州

Yuanqi Quzhou

《浙水遗韵》编委会　编

责任编辑　王妍丹
装帧设计　魏君妮　王立超
美术编辑　王立超
责任校对　陈铭杰
责任印务　王立超
出版发行　杭州出版社（杭州市西湖文化广场 32 号 6 楼）
电话：0571-87997719　邮政编码：310014
网址：www.hzcbs.com
排　　版　杭州立飞图文制作有限公司
印　　刷　浙江国广彩印有限公司
经　　销　新华书店
开　　本　710mm×1000mm　1/16
印　　张　17.25
字　　数　271 千字
版 印 次　2022 年 12 月第 1 版　2023 年 6 月第 2 次印刷
书　　号　ISBN 978-7-5565-1956-9
定　　价　98.00 元

《浙水遗韵》编纂委员会

《浙水遗韵》编纂委员会办公室

《浙水遗韵·源起衢州》
编纂委员会

总序

一

鸿蒙上古，洪水肆虐；海晏河清，安澜浙江。

穿越时空，谁能证明那些被折叠在山水尘土中的沧海桑田？穿透岁月，谁能唤醒那些活跃在绚烂长河中的生命伸张？带着问题，一场特别的文化巡礼拉开帷幕。当时的一座坝，现在的一个谜，一些润物耕心的洗练，一切高岸深谷的变迁，都成了这场水文化之旅中的奇妙体验。

浙水文化起源自先民对水的最早认识和适应，嬗变在碰撞中发生，也在融合中沉淀。上山遗址出土的炭化稻米遗存，照射出一万年前水与稻作农业的交融。跨湖桥遗址保存的独木舟，荡起了八千年前向水而生的文明涟漪。河姆渡遗址的水井和干栏式建筑遗迹，见证了早期聚落取水、避水的杰出创造。良渚古城遗址的外围水利系统，奠定了五千年前良渚文明的兴起。

如果说浙江早期文明是点点繁星，那么由于水的涵养滋润，繁星最终汇成了壮丽天河。在这些星辰浩渺的水文化碎片中，我们见到了一个又一个历史的细节，看到了我们祖先逐渐铿锵的文明步伐。

人称东南形胜的浙江，并非自古繁华，今日之繁荣很大一部分得益于水利建设的发展与完善。在历代的治水实践中，人们抵御洪潮侵袭，大兴蓄灌引排之利，变斥卤不毛之地为桑田粮仓，不断捍卫生存家园、拓展发展空间，使浙江逐步成为宜产、宜业、宜居、宜游、宜学的民丰物阜之地、山川秀丽之境、文明礼仪之乡。

二

孜孜不倦，久盛长兴。如今，浙水遗韵，绵延于山海之间，回荡在浙江大地之上。

西湖的疏浚，不仅保留了淡妆浓抹总相宜的湖光山色，更可灌溉周边千亩良田，哺育出钱塘繁华，“参差十万人家”。鉴湖的开浚，一度使山会平原“无荒废之田，无水旱之岁”。溇港体系的建成，使太湖南沿沼泽上松软的涂泥成为适宜耕种的沃土，从此“山从天目成群出，水傍太湖分港流”，桑基鱼塘、丝绸之府、鱼米之乡成为湖州名片。白沙溪三十六堰、姜席堰的修筑，使得金衢盆地“每岁禾田无旱日，此乡农事有余秋”，成为浙中粮仓。通济堰、松阴溪古堰群的兴建，成就了碧湖平原和松古平原的殷实富饶。它山堰的兴建，灌田数千顷，使鄞西平原成为浙东重要产粮区，“一朝堰此水，千载粒吾民”。

始建于东汉的东苕溪西险大塘，经历代增筑，昂然屹立一千八百余年，是杭州城和杭嘉湖平原的重要防洪屏障。古处州、严州、衢州、临海、兰溪等地的防洪城墙，守护着临河古城的市井繁华。钱塘江海塘的兴修，使两岸杭嘉湖平原和萧绍平原免于咸潮侵害，成就了“苏湖熟，天下足”的经济格局。唐时“当今赋出天下，而江南居十九”，明代“浙东西又居江南十九”。清代乾隆帝六次南巡，四次亲巡海塘一线，足见海塘所系已不只是浙江，更是牵动整个国家的经济命脉。

慈溪、余姚等地历史上不断向外拓展的一道道海堤，将荒滩盐场变为农田桑麻之地，使得“从兹疆场水奠安，黍稷桑麻应郁然”。三江闸的兴建，集挡潮、蓄淡、排涝诸功能于一身，重整了河口灌排水系，使鉴湖湮废后的萧绍平原得以复兴。椒江河口右岸在千百年里以层层外推的十多条海塘，演绎着向海而生的勇毅。金清闸、新金清闸、金清新闸的迭代演进，八百年间蓄淡、御咸、排涝，成就了温黄平原的繁盛。

京杭运河和浙东运河的凿通，为商贾繁盛提供了舟楫之便，促成了杭州区域中心城市的崛起。温瑞塘河打通了东瓯动脉，促进内外物资、文化的交流，成就了温州山水人文城市的佳话。沿衢江、新安江、瓯江、甬江等水系及各支流星罗棋布的古埠渡口和码头，转运着人员物产，激荡着时代风云，思想、风气往往得天下之先，浙江商帮由此走向全国，走出海外。

遍布于浙江山区、平原、海岛的近六千处古井，解决了人们日常饮食起居的水源供应。看似原始简单的水井，有效地支撑了人们向艰苦环境的拓殖，支撑起各地乡村、城市的发展与繁华。

三

跃动于灵感之上，传承着古人治水的智慧与思想。它山堰、通济堰等巧妙的堰底倾角与拱形设计，龙游“南堰北塘”的格局体系，得益于治水技艺的传承与创新，古老的工程历经沧桑仍发挥效用。龙现梯田十三闸分流引水，蜀墅塘的三枧九圳分水体系，科学合理的水事制度，有力保证了农业生产，也维护了社会稳定。这些智慧的灵光记载于卷帙浩繁的水利文献典籍、丰富广布的石刻碑记之上，启迪着后人。

洋溢于点滴之中，塑造着浙江的气质禀赋和精神风貌。由水衍生出的民俗仪式和神话传说，寄托了人们对生活的美好向往：分布广泛的“大禹庙”，表达了人们对治水英雄的纪念；踏塘、祭潮的民间仪式，象征着人们对风调雨顺、河清海晏的珍视；流传广泛的防风治水、钱王射潮传说，反映了艰苦卓绝的治水历程，颂扬了不屈不挠的奋斗精神。正是有了山清水秀、江河安澜，才有了生活的诗意，有了乐山乐水的闲暇与浪漫。

从水利工程到技术制度、从民俗仪式到神话传说，从物质到精神的一切，携带着历史的、科学的、艺术的、文化的基因，成就了璀璨夺目的浙江水文化宝库。浙江省水利厅于2021年组织开展了全省重要水文化遗产调查。历时两年，各县（区、市）调查团队遍检群籍、查阅史料，翻山涉河、深入现场，不辞辛苦整编成果，筛选出全省水文化遗产10000余项，其中5200余项纳入“浙江水文化”数字平台。我们从中精心选录800余项按11个地市编纂成书，以飨读者。有诗画杭州、清丽湖州、水印嘉兴交织出的如画诗境，有源起衢州、水墨金华、山川丽水描绘出的绝代风华，有理水绍兴、安澜宁波、水定舟山传颂着趋利避害的治理传奇，有潮起台州、平水温州咏唱着催人奋进的山海长歌。

这些水文化遗产带着特定环境与时代的烙印，是跨越了时间的宝贵财富。当水流翻过古老的堰坝，当江潮拍打鱼鳞石塘，当余晖映红运河水道，当大禹祭典的钟鼓震颤长空，我们仍能感到迎面拂来的那阵暖风，吹来的是未泯的典范和当下的星空，还有无数个我们未完待续的如水诗篇。

目录

东南阙里话安澜

津渡帆影竞风流

古韵今风话传承

水韵文脉谱新篇

问『衢』那得清如许

衢州的水有多美?

马金溪清丽脱俗，常山港温婉柔美，江山港浪漫奔放，灵山江灵秀跳脱，更有衢江上的信安湖，将古韵今意兼收并蓄，藏一城之风华……伫立于一江源头的衢州，城因水兴，水因城美，好一派人水和美的好光景。然而，只有当你真正走进衢州的历史才会发现，眼前的“一江清水”的背后，是一段战天斗地的治水奋斗史，也是一段天人合一的智慧集大成史，更是一篇人与自然和谐共荣的精彩华章!

源头之水

开化莲花尖的一汪清泉自山谷蜿蜒而下，出丘陵，汇盆地，经平原，自西向东奔流入海，泽被浙江大地。

由于特殊的地理位置和发展历程，衢州水文化中一直蕴含着“源头文化”的精神内核，指引着衢州的治水发展历程，贯穿始终。

具体来说，一是指地理位置之源。衢江，浙江母亲河——钱塘江的源头，是那以一潮而名动天下的钱江最初始的样子，也是润泽一省之民生最前沿的生态门户。它赋予了这里与众不同的使命感与责任感，并最终融入衢州水文化的骨血中去，根深蒂固：在衢江源头开化县，至今保存有清代约束山民以封山育林防治水土流失的碑刻；在衢江支流江山港所在的江山市，一座保存完整的清代碗厂里，一套水循环利用和沉淀净化系统让人不觉惊艳于那个时代的治水智慧；至当代，浙江全流域系统治理由衢州柯城“两溪”（石梁溪和庙源溪）发端，最终作为“五水共治”典型经验向全省推广……源头护水的生态理念自古有之，薪火相传，成为衢州水文化里的独特印记。

衢水之“源”其二，说的是农耕用水之源。2010 年和 2011 年发现的龙游青碓遗址和荷花山遗址，把衢州先民从事生产活动的时间上溯至 9000 年前，其中普遍发现了栽培稻遗存、水稻收割和脱粒工具，比河姆渡文化早 2000 年，比良渚文化早 4000 年，更印证了其所在的钱塘江流域是世界稻作农业文明重要起源地的说法。而水稻对于用水量的需求之大，让我们有理由相信，早在 9000 多年前，当时的先民们对于开发利用水资源推动农作生产已有了自己的方法，也因此让农耕文化深深烙印进了衢州水文化的记忆中，与之相伴相生，见证因水而生、因水而兴的一城繁荣。

解“渴”之水

“是岁江南旱，衢州人食人。”这是白居易幼年随父履职衢州时，看到的大灾惨象。

衢州降水丰沛，但时空不均。四至六月入汛期，多雨，易引发洪涝灾害；其他月份则常年少雨，极易出现干旱。“雨多则苦潦，晴久则苦旱”自古以来是横亘在三衢大地人人心头的“难言之痛”，于是，为三衢大地“解渴”成为衢州贯穿古今治水历史的主线。

唐开元五年（717），信安县（今衢州柯城区、衢江区）东五十里，因大风雷雨，山崩堵塞，溪涧成塘，人称神塘，灌田200顷，此为衢州有史可载水利工程之始。此后唐咸通年间（860—874）陆续在龙丘县（今衢州龙游县）、须江县（今衢州江山市）、常山县建起湖塘13座，水井若干。

衢州历代治水以兴修塘、堰、渠沟和堤防为主，挖井泉、造水车、建水碓次之，以便取水灌溉农田，解决百姓生活和农业生产用水问题。堰坝工程常用砂石、竹木、柴草、石灰和黄土等材料修筑，受限于当时取材，许多工程屡建屡毁，屡毁屡建。

南宋乾道二年（1166），西安县（今衢州柯城区、衢江区）丞张应麟为解水困，在乌溪江黄荆滩用时两年建石室堰，据传堰将成之际，大水来犯，屡建屡毁，绝望之际，张应麟骑白马跃入江中殉职，堰始成。当地百姓感念其功德，在附近建起张公祠，石室堰因此又称为"白马堰"。清《康熙西安县志》载石室堰灌田20万亩，为三衢古代第一大堰。元至顺年间（1330—1333），龙游县达鲁花赤察儿可马主持在灵山港建姜村堰、席村堰，两堰相距甚近，后合称姜席堰。此后600余年，经屡次修缮，姜席堰始终发挥着重要灌溉作用，使当地成为远近闻名的"浙西小粮仓"，姜席堰也与都江堰等一起，于2018年被联合国列入世界灌溉遗产名录。

据清光绪八年（1882）重刊的《衢州府志》记载，当时西安县有塘71座，堰154条，城内有池塘5个；江山县有塘22座，堰36条；龙游县有塘139座，堰61条；常山县有塘339座，堰180条；开化县有塘7座，堰、岸45条……大兴水利极大缓解了水旱灾害带来的不利影响，衢州在农业和商贸等方面迎来繁荣大发展。但受限于古代技术条件和社会体制，仍然“民多苦旱”，三衢大地未真正“解渴”。

中华人民共和国成立后，广大劳动人民翻身做主，极大激发了大家发展生产的积极性，解决水旱灾害困扰显得尤为迫切。在党和政府带领下，高潮迭起的水利兴修大幕由此开启。

1958年，衢州市同时在衢南、衢北启动湖南镇和铜山源两个大型水库的建设，其间几经波折，铜山源水库更历经“两下三上”。然而任何困难都抵挡不住衢州人民筑坝建库的决心，没有人力就全城动员，铜山源水库三年间先后投入5万余人参与建设；没有资金，大家砸锅卖铁捐款也要建水库！至1979年，铜山源水库建成，1992年正常蓄水。1980年12月，衢州市内最大的湖南镇水库竣工。此后陆续又有江山碗窑、白水坑，衢州黄坛口，龙游沐尘等，目前，衢州全市已建成以5座大型水库为中心，以10座中型水库为骨干，以449座小型水库为基础的水库群，在全力保障水资源供给的同时，更能有效发挥拦洪蓄水和错峰调洪作用，衢州的防洪抗旱能力实现新的跃升。

在解决水源问题的基础上，当代治水人进一步发挥引水调度作用。1990年，乌溪江引水工程开建，拦截乌溪江，飞越灵山江，横跨10条溪流，穿过18座大山。党和政府带领数万军民栉风沐雨、全心全意投入水利建设中去，“乌引工程”被誉为“江南红旗渠”，泽被衢州、金华两地，所辖乌引灌区为目前浙江省内最大灌区，惠及农田54.65万亩，覆盖人口83.72万人，打通了一条普惠金衢两地的“输水生命线”。由此诞生的“自力更生、艰苦奋斗、团结协作、无私奉献”的“乌引精神”，成为衢州人的治水精神丰碑，代代传承。

至此，白居易诗句中延续千百年的“衢州旱象”基本终结，凭借着人定胜天的坚强信念，衢州人民以实际行动告慰白公。

筑城之水

伫立于衢江之畔的衢州城，城因水兴，水因城美。1800年的古城沧桑注定了其与衢州水文化密不可分，这是一个城与水相互博弈又相互成就的历程。

衢州在秦朝已置县，汉唐为上州。唐武德四年（621），已有城垣；宋宣和三年（1121），重筑州城。当时的衢州府城："郡得山川之胜，水有舟楫之利。襟带衢江，怀抱峥嵘。城中内河环绕，水清且驰。又有桥梁河渠，池沼井泉，极具江南水韵，宋时极盛。"

宋高宗南渡，使"两浙人口百倍常时"。而衢州近临安，又未遭金兵浩劫，人口陡增，衢州府城规模也因此急剧扩张开来。唐代衢州城域，以府山范围为中心。南宋时，孔氏南渡后裔则于县南隅立鲁儒坊（今城区道贯巷南百岁坊附近），说明当时衢州城域已扩大了数倍。

城市的迅速扩张必依赖于水基础保障。为此，石室堰水被引入护城河，同时先在城内开凿渠道，后于城外护城河中筑一坝，在坝之北端邻近城垣处再建一闸曰清辉，将水引入城之新开渠内形成内河，一为供居民用水，二为防火。此后历数代修建，遂成山环水绕的府城格局：西有浩荡衢江，东南北有引乌溪江水形成的外濠，城中西河横贯，城北新开河绵延，整个内河水系如一个清丽明净的"曰"字，将城中峥嵘山（今府山）环抱，赋予了这座江南水城以灵气。如今的衢州城内，仍保留有东河沿、中河沿、西河沿以及新河沿等街巷名，可得见当年水城之风貌。

临江而建的衢州城，有江护城，当然也面临与江水的博弈。衢州历史上有多次被洪水袭城的记载，在这期间，衢州古城墙因城址地理位置特殊而成为军事防御兼具防洪功能的存在，彰显着先人的治水巧思与匠心，亦成为衢州水文化遗产的一大特色。更有衢州府城重要防洪工程德坪坝，先有僧人募资而建，后有军官捐俸加石修复，修建之法历经土坝、石堤、酒坛贮砂加固和坝脚扩建等，成为这座城市与洪水斗智斗勇的见证。

进入新时代，随着逐年大量城市防洪工程的建成，以及水库和水利枢纽综合调度，城区防洪基础水平不断提升。衢州的城市格局，也因此得以跨越衢江，开启拥江发展的崭新篇章。

一座城与一江水的传说，在代代治水成果的护持下，历久弥新。

通衢之水

衢者，四通八达之大路。

作为一座以衢命名的城市，衢州是“四省通衢，五路总头”，自古就是交通枢纽所在，衢江水运见证了衢州由兴而盛的辉煌历程。

“闽行者自此舍舟而陆，浙行者自此舍陆而舟”大概可以一窥当时衢江水运的盛景。因发达的水运，衢州成为古代少有的正门朝西开的府城，概因衢江正位于城西，连接着京城和自此通往南方和内陆诸省的要道，西城门因此而得名“朝京门”。

衢江水运将水与城更为紧密地连接起来，也推动了地方文化大繁荣。借着便利的水上交通，我们看到白居易与友人尺素相交，留下了“浮石潭边停五马，望涛楼上得双鱼”的诗句；罗隐流连于江上景色，写下了“縠江东下几多程，每泊孤舟即有情”；王安石夜宿衢江边与兄弟诉说心情，写下了《寄平甫弟衢州道中》；杨万里每次从京城往返江西老家，在这里留下数十首吟诵衢江的诗句……水上交通之盛，让这里成为“钱塘江水上诗路”不可或缺的重要一环。

然而，历史的巨轮滚滚而过，衢江水运这条打通浙江东西经络、联结山海的“黄金水道”也经历过由盛转衰甚至一度断航的历程，但这段辉煌却刻进了老一辈衢州人的记忆里，念念不忘。2006 年底，水利部门建成塔底水利枢纽蓄水，衢江上由此诞生了信安湖。为了打造国家级的水利风景区，水利部门在保障防洪安全的前提下，将历史人文元素融入沿岸工程建设，复建起四喜亭码头、浮石古渡等，曾经的衢江水运文化重新回归大众视野。得益于上下游水利工程的综合调蓄，衢江季节性断流的难题一去不返，也为衢江水运复航提供了可能。

2012 年，随着省政府办公厅关于复兴内河航运的一纸公文,衢江水运重启的梦想照进了现实。2020 年 5 月，“杭衢钱塘江诗路之旅”正式启航。

上善若水，在衢州人“通江达海”的梦想逐步推进的过程中，我们看到了水利服务地方发展的更多可能性，从中也衍生出水文化未来发展的更多可能性，它可以有容乃大，兼收并蓄，也可以触类旁通，古为今用。

2020 年，在浙江省水利厅的统一领导下，衢州市水利部门开展了大规模的水文化遗产调查，涉及水利工程、物质文化、非物质文化、涉水文学等多个类别。在全面梳理、系统总结的过程中，一批先进的治水成果被发现，一些面临损毁的治水文物被发掘和抢救，一段承古启今的治水精神得以被重新审视和赓续传承！然而，我们不会止步于此，我们有理由相信，通衢之水能跨越地理的限制，也能贯通古今之系。以此次《浙水遗韵》丛书出版为契机，我们将进一步系统梳理总结，从先辈的治水智慧中汲取经验，并运用到新时代治水工作中去。

让一江清水常清，衢水之精神常驻！

古堰清波千古流

“是岁江南旱，衢州人食人”让衢州烙上了1300多年“旱”的印记，而堰坝作为古时丘陵地区最主要的引水工程，在衢州得以广泛修建。从南宋张应麟数年潜心水利修建“三堰”（石室堰、东迹堰、杨赖堰），到元代察儿可马主持建成泽被600多年的世界灌溉遗产姜席堰，从开化僧人募资修坝只为百姓“有水用”，到江山鹿溪上建起“之”字形堰坝独特美学，历代衢州人筑堰蓄水、开渠引水，集治水智慧与技术之大成，只为三衢大地能“解渴”。

石室堰

三衢古代第一大堰

浮石[1]即事

江郭春残雨乍晴，恰乘微雨看春耕。
孤村响送樵风暖，十里青翻麦浪平。
到处穷檐闻疾苦，隔年傲吏减逢迎。
香山遗迹停轩处，揽辔真惭瀫水[2]清。

〔清〕陈鹏年[3]

衢州市乌溪江综合治理石室段

注：①**浮石**：衢州地名，旧时衢江边有浮石潭，因此得名，明清时期在衢州城北置浮石乡。②**瀫(hú)水**：衢江古称。③**陈鹏年**：衢州古代治水能臣，曾主持修复石室堰。

石室堰水闸

自古以来，衢州人“择水而栖，择江而居”，与水紧密相连。庞大的水网构成了衢州的骨架，它们泽被千载，孕育出这方土地上厚重的人文历史。至今存世的三衢古代第一堰——石室堰，有着博大精深、绵延不绝的历史底蕴，讲述着衢州因水而兴的璀璨历程。

石室堰为衢州古代最大的水利工程，地处乌溪江中下游，初在黄荆滩，以烂柯山石室而得名。据《民国衢县志》记载，石室堰修建于南宋时期，为篾笼卵石堰体，原堰长 20 多千米，直通衢州城区，号称灌田十万八千亩，同时也是古代乌溪江山区木材和山货进衢城的重要交通线，更是沿渠居民生活用水的重要供水水源。旧时石室堰有 72 条沟，汇成东南北三大濠，再引濠水入城为内河。旧志称其为“一邑之关系”的大堰。

纵观石室堰治水史，俨然是一部凝结了衢州人治水智慧的鸿篇巨制。南宋乾道二年（1166），衢南引乌溪江水入千塘畔的石室堰，为西安县丞

1950 年石室堰封堰

张应麟率领百姓所修，石室堰因此而得的两个俗称亦与张应麟有关。一说石室堰又名白马堰，《民国衢县志》中有记载：“宋南渡时创此堰，县丞张应麟董其事。三年工不就，既跃马自沉中流而死，堰址始定。”说的是张应麟为修石室堰骑白马舍身成仁的故事。坊间又有剥皮堰一俗称。据传，堰修成，张应麟曾明令定期开闸。有商人诱张公之子以酒色，唆使其开闸，最终为护法纪，其子按律令正法。史说纷纭，渺如烟尘，但当地百姓感念张应麟治水功德的朴素情怀可见一斑。早年间，石室堰附近曾建有张公祠，据传，明朝开国功臣宰相刘伯温途经衢州，还专程前去拜谒，留下追

思张公的诗句。

石室堰对衢州的贡献并未止步于此。明弘治十二年（1499），郡守沈杰引石室堰水入护城壕，于小南门城门濠中架木吊桥，衢州城水环绕交融的景象亦由此而来，在解决居民生活用水、排涝、防火等功能的基础上，更让这座江南府城增添水的韵味。现在衢州城仍留有中河沿、东河沿、西河沿等地名，处处显示出当时引水入城的盛景。

至清康熙年间，历经500余年的石室堰等诸多堰渠年久失修。担任县令的陈鹏年到任后通过走访，发现失修的原因主要是管理机构不健全、水费负担不合理，于是他将灌溉田地分为十个区

古石室堰图

块，并指定堰长分片牵头管理，所需修理费用由田地按亩均平摊。群众乐于从事，堰坝整修一新，不复混乱景象。这一“网格化”的管理模式类似于我们现今推行的河湖长制，可见300多年前古人的智慧。

清嘉庆九年（1804），郡守那英根据士民请示，将石室堰改建于上游三里处的响谷岩下，另开袋口与渠道引水入旧沟。堰水直达城南大濠，又引入城中维持内河水源，堰沟可通船筏。1955年，石室堰被大水冲毁，衢县人民政府组织千名民工，奋战几月，用900多只篾笼进行加固。1956年，石室堰移于黄陵堰上游深潭处。1958年，黄坛口作为浙江最早的一座中型水电站开始发电。石室、黄陵、杨赖三堰合并一堰，堰址在黄陵堰，引黄坛口水电站部分发电尾水入渠。之后，衢州化工厂又对该堰进行扩建，水流量增加三倍。

如今，石室堰依然发挥着重要的水利作用，堰渠从进口沿九龙山底由南至北向下游延伸，途经横路、桥头、响春底、缸窑、巨化集团公司等地至柯城区衢化街道普珠园村，全长7.5千米，是市区重要的供水工程，其主要功能为巨化集团公司、衢州智造新城、市自来水厂用水以及为沿线数万亩耕地农业灌溉用水提供保障，同时也是衢州市区、南片重要的防涝、排水渠道。

石室堰主修者张应麟画像

石室堰今景

石室堰不仅防排涝、保供水，对沿线的经济发展也起着助推作用，而且由石室堰引水的乌溪江、黄坛口两座水库经中国水产科学院考察后，认为具有南方养殖冷水鱼难得的资源优势，是国内最适合养殖鲟鱼的地方。2006 年，柯城区打造出中国最大、世界一流的集繁殖、养殖、加工、出口和休闲为一体的鲟鱼产业化基地，其鱼子酱产量居亚洲第一，出口到法国、德国、西班牙、美国、日本等 20 多个国家，不仅登上了德国汉莎航空的头等舱，还亮相奥斯卡晚宴，有效带动当地农民增收 1000 余万元。

姜席堰

名动浙西的世界灌溉工程遗产

龙丘[1]引

龙丘一回首，楚路苍无极。
水照弄珠影，云吐阳台色。
浦狭村烟度，洲长归鸟息。
游荡逐春心，空怜无羽翼。

〔南北朝〕萧　纲

在500米高空拍摄的姜席堰全景

注：①龙丘：为龙游古称。

世界灌溉工程遗产——龙游县灵山江姜席堰

《龙丘引》是衢州地区保存下来最早的诗歌作品，正如顺流而下来到的龙游灵山江，深厚的历史文化积淀正是她最好的注脚。

2018年8月14日，在加拿大举行的国际灌溉排水委员会第69届国际执理会会议上，龙游姜席堰被确认为世界灌溉工程遗产，举世瞩目。而姜席堰也作为灵山江水文化的缩影，惊艳了世界。

姜席堰位于浙江省龙游县灵山港（旧名灵溪）下游后田铺村。元朝之前，龙游地区当地的农田灌溉全靠江溪湖塘，基本靠天吃饭，临岸田地常常十年九旱，甚至出现白居易描述的“是岁江南旱，衢州人食人”之惨状。元至顺元年（1330），蒙古人察儿可马担任龙游的达鲁花赤（知县）。他“廉干便民”，重视民生工程，尤其致力于水利，先后兴筑了姜席堰、鸡鸣堰等著名水利工程。据明万历年间的《龙游县志》记载：“姜村堰、席村堰，元至顺间达鲁花赤察儿可马兴筑。其水发源

世界灌溉工程遗产——龙游县灵山江姜席堰

处州，由南源至十七都堤灵溪之水；分为二堰，上为姜村堰，下为席村堰，相距数百武。”清代光绪年间的知县高英在《〈重修席村、姜村二堰征信录〉序》中记载：“姜、席堰去城南二十里，土名大堰头，以姜村、席村得名，相去数百武。”

如果说都江堰的修建为秦国经营了在巴蜀尤其是成都平原的粮仓，那么察儿可马下车伊始就兴建姜席堰，而后又“言于司府”，建和丰粮仓，在客观上起到了“凡溉田二万一千七百八十一亩，得沾堰水者，皆称沃壤”的作用。灌区寺后畈、西门畈和詹家畈因此成为著名的龙游粮仓和鱼米之乡。堰水还被引进龙游城内，使护城河、城池、地下供水道到处活水汩汩流淌。由于堰渠布局、走向定位科学合理，渠水发挥了最大效益，沿途各种筒车、麻车、水碓、浇碓、磨坊、油坊纷纷兴起，一派繁荣景象，真可谓一堰兴则农兴、畈兴、城兴、商兴。

姜席堰自建成以来，历经近700年，其间遭遇大洪水不下六七十次，但堰身、坝体一直没有被完全摧毁，足以体现其在设计上的高超技术水平。姜席堰采用科学的双梯位溢水回流排洪技术，堰顶轴线呈折线状，其平面形似“Ω”；上堰由南往北与主河道垂直，距北岸约30米，堰端与东西向的一片沙洲相连，构成了一条宽20多米、长200多米的东西走向的引水堰道，沿蛇山山脚南向折50多米到达下堰；下堰筑建在沙洲与蛇山头端之间，呈东西向。这样的设计使上下堰泄水前沿比传统直线堰长数倍，凸显了消力池的作用，有利于巩固堰身（特别是下堰）。拦河堰坝用石壁做基石，以百年松树为基础，也增强了堰坝抗御洪水的能力。在“引水不引洪，截流不成灾”的设计原理上，姜席堰与都江堰有异曲同工之妙。姜席堰的进水口“堰洞”是在蛇山脊背上人工凿开的一条宽近3米的渠道，与都江堰的“宝瓶口”形状、功能几乎一样，能够自动控制进水量，在没有水闸的年代里起到了节制闸的作用。而且堰洞设置在引水堰道近末端的东侧，下堰上游距堰坝30多米处，与江水垂直，很好地避开了因洪水正面直冲入内渠造成的水灾。

由于“姜席大堰为本邑西南乡水利攸关”，历朝历代对姜席堰的修缮、管理高度重视，使其历经近700年依旧发挥着作用。明嘉靖四年（1525），堰被洪水毁坏，推官郑道主持“筑马胫八十丈，以杀水势；又筑石东坝一百五十丈，以坚固堰址，自是堰不患涸”。嘉靖二十二年（1543），知县钱仕重筑了石东坝和马胫。万历年间，知县涂杰再次修建，“自是每岁修堰，相沿为例”。崇祯年间，知县黄大鹏“月恒三四至验视，渗漏，呼工补塞，不使有涓滴之泄”。因为下堰“溪低而堰颈高，水阻不能下”，崇祯十三年（1640），主事方废弃了原进水口（堰洞），在下堰东端另外开凿了堰渠新进水口，使用了300多年的堰洞从此退出，新的进水口沿用至今。到了清代，知县卢灿于康熙十九年（1680）主持了对姜席堰的修浚。乾隆三年（1738），姜席堰“仅存马胫数丈”，知县徐起岩组织了重修，并首次引姜席堰水入龙游城。“其水一绕城而北，一由西达于城之壕，内环学舍，汇泮池，经县治之白莲桥，东折而放乎北门之水关。”光绪十二年（1886），刚到任的知县高英得知姜席堰长期失修，沿岸土地荒芜、民不聊生，决计进行修缮。他不仅设立了堰工局，“凡民之沾溉者皆出赀，约赋十之二。民捐绅办，丝毫不假胥吏之手”，还亲临现场慰问民工，对懒怠者予以严厉批评，对出资不力者申明大义，规劝执行。民国时期，堰坝及护岸累遭损坏，堰道淤塞，特别是堰西干渠因受芝溪河道阻隔，后厅村一带的土地一直无法引水。1936年，水利专家何之泰因陋就简，用毛竹筒外包棕衣，制作了简易的倒吸虹穿越河底，后厅村一带从此得以引姜席堰水灌溉。此法一直沿用至20世纪70年代。1949年后，当地政府多次对姜席堰进行修建、改造。2007年10月至2008年12月，姜席堰灌区工程被列入浙江省“千万亩十亿节水工程”计划，工程总投资500万元，衬砌改造渠系18.87千米，加固姜席堰75米，改建农桥8座、分水闸20座，新建量水堰2处。从此渠系实现了“三面光”改造，提高了渠系水的利用率。

对于姜席堰的管理，历代实行的是堰长负责制。堰长下设堰董若干人，堰夫若干人，担负起岁修、用水管理、封开堰口、收纳堰费等具体事务。民国时期，当地成立了20多人的姜席堰管委会，制定了《姜席堰管理章程》，以明确职责。1955年成立的姜席堰灌区代表会有代表8人。而从明万历年间的涂杰开始，每年六月初一封堰，八月初一开堰（后因春耕播种需要，改为四月初一开堰），当地主要官员于封堰之日莅临视察等均已成为惯例。

如今，为了进一步发挥姜席堰的功能，将水更多引入龙游城内的公园与住宅小区，使城里的水体由点连线、由静态到动态，形成完整的城市供水系统，龙游县政府正式规划了“引水入城”工程。工程竣工后，姜席堰的清流将会把龙游城装扮得愈发充满灵气，而龙游的都江堰——姜席堰也将愈加青春焕发。

衢县古堰群

贯通府城南北的供水『大动脉』

东碛滩

江船初上滩，滩水政勃怒。
船工与水斗，水力拦船住。
琉璃忽破碎，冰雪并吞吐。
竟令水柔伏，低头船底去。
朝来发盈川，已过滩十许。
但闻浪喧阗，未睹水态度。
却缘看后船，偶尔见奇处。
从此至三衢，犹有滩四五。

〔宋〕杨万里

草鞋堰

青石堰

远古时期，人们为了满足生活用水需求，选择滨水而居，随着农业的兴起，人们对水的需求更加强烈。由于地理位置，衢江区水资源分布与空间分布不均，造成作物生长不调，需借助水利设施实施人工灌溉和排水排涝。于是人们拦河筑坝，开渠引水，灌溉农田，建造供给人们生活用水的堰坝，蔚为壮观。衢县数十座古堰坝构成了贯通府城南北的供水“大动脉”，对当时的经济发展和社会文明起到了重要作用。随着现代经济社会的发展，科学技术的进步，有的已经被水库、塘坝代替，有的至今仍在发挥着重要作用，久用不衰。

衢江古堰多用块石、砂卵石、竹木、柴草及黄土修筑，易受洪水损毁，“时筑时记，不能垂乂”，常修常垮。衢江辖区内有文字记载或相传建设年代的古堰有宋代东迹堰（杨赖堰下游，长 120 丈，灌田 3.70 万余亩）、草鞋堰（灌区 2000 亩）；

乌溪江上“蓑衣翁”

元代桃枝堰（长 50 丈，灌区 10 万余亩）；明代和平堰（又名吾平堰，灌田 400 顷）、轮胎堰（又名吕塔堰）、青石堰、清潭堰、千斤堰（长 40 丈，灌区 3 万余亩）；清代王郑堰。另有黄岩堰（灌田 1000 亩）与章堰，时间年代不详。这数十座古堰坝贯通了衢县府城南北的供水大动脉，带动了衢江农业发展。

东迹堰与石室堰、杨赖堰均为乌溪江古水利工程，史称衢州“三堰”。据《民国衢县志》，东迹堰创建于南宋时期，相传由南宋西安（衢县）县丞张应麟倡导修筑，除了灌溉农田，还有水运之利。每年春夏之交的丰水季节，乌溪江上游的柴、炭、靛青、茶叶、竹木制品等山货装船外运，木排、竹筏沿江而下，均需经东迹堰运至樟树潭码头，然后转运外地销售。但因灌溉需要而封堰，往往影响船只、木排通航。历史上曾因灌溉和船筏通

东迹堰限定闸水碑记（局部）

东迹堰

航抢水，发生多次水利纠纷。

《衢县水利志》载，为调处农田灌溉与船筏通航的用水矛盾，当时的官府多次明确规定了东迹堰封堰、开堰日期。如旧制规定，每年农历四月初一封堰，九月初一开堰。清康熙三十六年（1697），县令陈鹏年改为每年六月初一封堰，八月初一开堰。康熙四十四年（1705），经省院批复，仍定四月初一封堰，九月初一开堰。清康熙四十八年（1709）及嘉庆二十一年（1816），府、县衙门两次立碑，限定每五日闸水一日。东迹堰"限定每五日闸水一日"石碑为嘉庆二十一年（1816）所立，结合文献资料考证，碑文大意为，东迹堰"乃四十四、五、六、八庄二十余村（今樟潭街道三口畈一带）之水利命脉"，"养活数万生灵"，灌区"计完国课（税）三千余两"，为东迹堰制定用水规矩，事关国计民生。

重修青石堰碑记，记录了清光绪年间修建青石堰事项，现存于堰坝旁边碑亭

1950 年杨赖堰竣工

青石堰位于全旺乡双盈头村。明宣德年间修建，清咸丰年间倒塌。光绪十八年（1892）由衢、龙两县三乡筹募大洋一千余元重修，以三合土、黄石砌成，立有堰碑，记载“灌田万亩有零”。1943 年，因部分堰体被洪水冲毁，重新修复，用黄石 800 块、石灰 30000 斤，石工 80 工、民工 1000 工，投款 2 万余元。中华人民共和国成立后，1951 年港区内衢、龙两县农民因用水发生斗殴，双方干部借鉴青石堰碑记，证实在清光绪年间两县即共用堰水；为加强管理，两县三乡联合成立青石堰水利委员会。1952 年春，洪水冲毁堰体，新修泄洪闸 3 孔，每孔宽 2.7 米。修建后堰长 104 米，高 3.1 米，顶宽 7.5 米，引水流量 0.5 立方米每秒，实灌全旺、高家、安仁 3 个乡镇 8 个行政村农田 2500 亩。2020 年，由衢江区水利局主导进行加固翻新，重新修建碑亭。

据《民国衢县志》记载，草鞋堰，又名石堰，始建于宋朝，原临时堰屡遭洪水冲毁，堰址以上集雨面积 218 平方千米。1966 年动工改建为浆砌块石固定堰，1969 年建成。该堰实灌峡川、李泽两乡耕地 2720 亩。1986 年，为在东坑口公路桥下兴建峡川电站而扩建东干渠渠首段，将引水流量增加到 4 立方米每秒。作为峡川、李泽两乡的重要灌溉水源，东西进水、排水闸仍在发挥作用，于 1996 年修建的固定堰堰坝目前整体保存完好，水量丰富，仍发挥着重要灌溉作用。

黄岩堰位于衢江区横路乡（今横路办事处）黄岩堰村南 50 米，属上山溪流域，是衢州南最大的古水利工程之一，村以堰得名。上山溪，又称罗樟源，长 36.8 千米，流域面积 155.9 平方千米，源于衢江区大洲镇石屏村杨梅岙。堰坝位于黄岩堰村边，为翻板堰，水体清澈。《衢州地名志》记载，唐、宋、元、明、清历朝对黄岩堰都十分重视，设有堰长，专人管理，后由黄岩堰村、开元寺村和沙埠村三个村共同出资修缮管理。该堰分布面积 120 平方米，用于堰下游三个村的农田灌溉，现在由于“乌引工程”的启用，该堰已闲置不用。

龙游『南堰北塘』
一张水网孕育『浙西粮仓』

龙游八景·瀔水晴风

鲛绡蓝色染初匀，风皱邻邻渺水云。
安得此溪还姓冉，名高千载柳州文。

〔宋〕郑得彝

龙游北部模环乡村庄池塘

庆丰堰

早在大约一万年前，浙江人不仅吃上了稻谷，而且还是人工栽种的。

作为新时代浙江考古十大发现之一，在龙游荷花山早期新石器时代遗址中发现了水稻小穗轴、炭化稻米、水稻植硅石遗存，以及早期新石器时代用于给稻谷脱壳的磨饼，这是目前发现的人类最早栽种的稻谷。这个发现为“龙游所在的钱塘江上游地区是世界稻作农业文明重要发祥地之一”增添了重要佐证，而这一切又让人对龙游悠久的水利文化产生了遐想。

龙游县地处浙江省西部金衢盆地，以中部衢江河谷平原为界，南北高山均向河谷平原延伸。南部依次为中山、低山、平原带；北部依次为高丘、低丘、缓坡岗地。龙游县“六山三田半分水，半分道路和村庄”的自然环境，决定了水利遗产以灌溉取水为主。勤劳的龙游人民自古以来一直与水旱灾害作不屈的斗争，曾修筑了大量的沟渎碑塘

弯弓堰

和堤埂堰坝。清代《康熙龙游县志》载有水塘130口，内湖15处，堰坝60条，共灌田8.7万余亩，形成了龙游特有的“南堰北塘”，如一张水网支撑起了古时龙游的农耕“命脉”。

龙游南部属山区，溪涧多，水多耕地少是它的特点。灵山港、罗家溪有分支流14条，水源丰富，但耕地面积少，且大多不成畈，零星小片散布于山坞间。其治理主要是截流筑堰，沿山开渠，引水灌田，共建有大小堰坝53条，如世界灌溉工程遗产姜席堰，灌田14000亩；同时利用水头落差，兴建小型水电站。从1995年开始，灵山港中下游的灵山、溪口被列入了“三江”治理范围，先后修筑了扁石、桥头、下徐、石埭、渡贤头等防洪堤，使防洪标准达到“20年一遇”以上。同时开展了小流域治理，疏通河道、砌筑护岸，拓宽河道断面，提高了行洪能力。2006年12月，沐尘水库动工兴建，境内水利面貌得到进一步改善。

芝塘金村水碓

龙北耕地与宜垦面积分别为16.85万亩和3.3万亩，占全县总数的47.2%和73.3%。但十年九旱，被称为“穷北乡”，穷即穷在“水”上。在20世纪70年代前，龙北治水坚持以蓄为主，辅之以提，充分利用丘陵的垄、坳地形挖塘，解决村人的农业灌溉、生活洗涤、消防用水等用水问题，不计其数的池塘和水库机埠，形成了渠系纵横交错的水利网，从而缓解了一般年景的旱情。如龙北塔石镇泽随村中遗存水利遗产，包括上、下湖，龙穴塘，马塘，大厅门口塘，泽随大井、小井，龙穴上井、下井，贯穿全村的水渠（暗渠），综合发挥着村落排水、蓄水、灌溉和生活用水供给等多方面功能，为村庄的兴旺、繁荣和延续提供了重要的水利支撑。虽然历代重视水利设施的修缮，但总体上讲抵御洪旱的能力薄弱。1949年，龙游全县大多水田每年只能种一熟早稻或中稻，粮食产量低而不稳。龙游北部以丘陵多见长，而短于缺水。

进入20世纪70年代，衢县境内大型水库——铜山源水库的建成，为龙北引水自流灌溉创造了条件。此后龙北治水主要以铜山源水库渠系配套为重点，走“以引为主、引蓄结合”的道路。铜山源水库东总干渠中上游的北山后分水站至下游渠尾八石畈水库止，全长26.6千米。由西往东沿龙北丘陵山地横贯穿越原、泽随、下宅、横山四个乡，境内配套建设干渠15条，全长126.86千米。大部分水库与这些干渠连通，形成了长藤结瓜之状，为原有纵横交错的渠系提供了水源。一般小旱先用山塘水、小库水，大旱、长旱则引入铜山源水库之水。昔日的“穷北乡”，如今成了重点产粮区。

鸡鸣堰近景

南　堰

鸡鸣堰：一渠江水做嫁妆

鸡鸣堰位于龙游县城东南西侧灵山港下游，因邻近鸡鸣山而得名。相传建于南宋，据民国年间的《龙游县志》记载：“三都有鸡鸣堰，其水自杨侯潭迤逦而下，缘绕鸡鸣山麓入之，绕后畈连七都，溉田凡一千亩。”明朝嘉靖年间壅废，后几经疏浚，屡遭损废，民国十八年（1929）秋，乡绅童振郕发起开浚。民国二十五年至二十七年（1936—1938），修竣干渠、支渠，又兴建大溪桥水闸及唐尧水闸。民国二十五年（1936），修筑堰坝及过船堰，疏浚开凿，至民国二十六年（1937）年底基本完成。由于堰口过高，进水困难，继续疏浚开凿，至民国二十九年（1940）4月全渠贯通正式放水。民国三十六年（1947），浙赣铁路建灵山港大桥，拆去堰坝缺口两处长20余米，影响七都农田灌溉。

鸡鸣堰碑

1950年春，修筑鸡鸣堰被龙游县人民政府列

沐尘堰

为当年水利建设重点项目之一，并进入全省大型水利工程建设之列。拟将鸡鸣堰改建拦水坝，但两度被洪水冲毁，后将干砌块石堰改为混凝土永久坝，于1952年11月完工。

经过这次大修，鸡鸣堰现状基本奠定。

鸡鸣堰历经沧桑，屡经修建，始终发挥巨大的灌溉作用，泽润一方，现已成为龙游仅次于姜席堰的水利文化遗产，也成为当地的一个文化符号。鸡鸣堰于2012年被龙游县人民政府公布为县级文物保护单位。

沐尘堰：增添畲乡一脉风情

沐尘堰位于灵山江沐尘乡段，分上堰和下堰。

沐尘上堰，也称荷花潭堰，位于沐尘村严家自然村，截灵山江水，始建年代不详。民国地方志载：三十四都，沐尘堰，长三里许，溉田二百余亩即指此堰，堰头设西岸双溪村渡船头自然村东侧，自南往北向东岸设堰口，堰体为干砌河卵石，长约 120 米，引水用作上碓舂米、打料（舂打竹腌料纸浆）和农田灌溉。沿自然村东侧建有引水渠，引流至村下畈。1965 年，沐尘电站建成后利用此堰引水，堰坝河渠道尚存。现荷花潭堰经过修复加固，堰上建有碇埠，综合发挥蓄水、灌溉、交通作用。

沐尘下堰位于沐尘自然村中部西侧，截灵山江水，始建年代不详。堰头设西岸，自南向北倾斜引流于东岸堰口，中间设通航口，堰体为干砌河卵石，长约 150 米，为沐尘自然村中央碓（旧时沐尘有上、中、下三座碓房）专用堰。原沐尘下碓用水也基本从此引入，1955 年下碓被洪水冲毁后未复建。1965 年，沐尘电站建成后，水碓逐步停用，堰体渐毁。现经过修复加固，于堰上新建碇埠，具有蓄水、交通、景观功能。

沐尘堰灌溉了沐尘畲族乡，也为畲乡增添了一脉风情。

北　塘

泽随村水塘：福泽相随、凭水而兴

泽随古村位于龙游县西北的塔石镇，是一个有着 700 余年历史的古村落，至今仍保留着 100 余处明、清、民国时期古建筑。村中遗存水利遗产包括上、下湖，龙穴塘，马塘，大厅门口塘，泽随大井、小井，龙穴上井、下井，以及贯穿全村的水渠（暗渠），综合发挥着村落排水、蓄水、灌溉和生活用水供给等多方面功能，为村子的兴旺、繁荣和延续提供了重要的水利支撑。

水是泽随古村的灵魂。村北面有大乘山和真武山，两座山上分别有一支水源流向泽随村，两

泽随村水系之上湖

支水流环绕村落一直向南汇入衢江，溪流和村里的珠峰山被称为“双龙戏珠”。水也奠定了泽随村的格局。进入泽随村口可见两口水塘，分别称作上湖、下湖，其形状犹如八卦中的阴阳鱼。村内的古代建筑以上湖、下湖为界，依南北两侧布局，街巷如同八卦的卦象。

上湖较下湖略大，水位高于下湖，两湖中间有一堤穿过，堤中间开一涵洞，上湖之水流入下湖。上湖周沿有多个渠口，承接村中排水渠的水，使得上、下湖成为大半个村落之水的汇聚地。村中另分布有龙穴塘、大厅门口塘、马塘等，面积 1—3 亩不等，同样起到调蓄水源的作用。

鸿陆夏村水塘：多塘密布成风景

鸿陆夏村地处衢江以北的黄土丘陵，是浙江省首批传统村落。因鸿陆夏村地处丘陵地带，多山地，在历史上全村的生产生活用水都比较紧张。

鸿陆夏村池塘群

水是村庄发展的命脉，自建村以来，村内陆续修建了南塘、旱塘、圆塘、上狗头塘、下狗头塘、蓑衣塘、社水塘等十几口大小不一、形制各异的“清洁塘”和“火烛塘”，主要解决村人的生活洗涤用水和消防用水问题，其中南塘、旱塘、社水塘面积较大，兼有农田灌溉和养鱼功能。为彻底解决农业灌溉用水的问题，几百年来，村人又在村边、山边、田垅等处修筑了鸿陆夏大塘、新塘、大塘下大塘、姜草塘等小型水库，为保障鸿陆夏村的粮食生产提供了很好的水利条件。

鸿陆夏村水井

石梁溪十二堰

一堰一景十八弯

石梁溪

石梁溪水入衢江，最美河湖七里乡。
司马叠波越堰坝，海龙戏浪溢流光。
杨花一瀑飞峡谷，银杏千年散异芳。
平仲院中多享乐，柯城百姓幸福长。

凌先有[1]

柯城区石梁溪虹吸堰

注：①凌先有，系中国水利文学艺术协会副主席，水利部离退休干部局原党委书记兼局长、中国作协全委会委员。

柯城区石梁溪关王堰

行走于柯城区石梁溪沿岸的生态绿道，看流水潺潺，司马堰、海龙堰、坎底堰、关王堰、猫儿堰、枫林堰、麻蓬堰等石梁溪十二堰共同构成了“一堰一景十八弯”特色景观群，让人赏心悦目。

石梁溪是全省全流域治理的先行地，在治理中，柯城区将保障防洪安全放在首位，探索“空间换堤”“软包硬”堤岸建设新理念，通过湿地修复、退堤、植物补种、建设便民设施，实现河湖资源保护利用，既补齐了防洪薄弱短板，又恢复和改善河湖水生态环境，形成一堰一景。同时，从单一岸下治理探索水岸同治，全力打好全流域实施生猪禁养、全流域截污纳管、全区域河道禁采、全辖区洁水养殖、全覆盖落实三级河长制等组合拳，将水质污染源头消灭于岸上，水质合格率达到100%，实现“黑臭河”向“风景美”转变。以

柯城区石梁溪坎底堰

水美村、以水兴业、以水富民，创造出一幅以生态带动发展、以发展反哺生态的幸福河湖画卷。

石梁镇坎底村最大的地标莫过于坎底堰，落差仅 0.5 米的堰坝以块石渐次堆砌出 6 层叠水效果，流量大时，溪水层层砸出水花。人们在享受一湾清冽溪水的同时，还领略到迷人的水景观。每年夏季来临，坎底就成为网红地，前来戏水、游泳的市民不断。

这一“卖点”源于最初在河道治理中融入的巧思，打破条块分割，以一种综合的视角考虑河道治理。当地水利部门秉持治水、造景、创富、反哺生态的思路，将河道治理与生态、景观、休闲、文化及产业发展综合考虑，形成“治水与治岸同步、功能与形态同步、全市域与全流域同步、经济效益与社会效益同步”的衢州综合治理

柯城区石梁溪猫儿堰

模式。这也让坎底收获了实打实的“生态红利”。村里人原来大都靠柑橘种植和进城务工为主业，每户年收入在2万—3万元左右。这几年因为水带“火”了村里经济，村民们陆续开起了小卖部、农家乐。生意好的人家，靠卖泳衣、救生圈，一年就能挣四五万元，做得好的农家乐，一年赚十来万元。

水生态带动村民富起来的同时，也让大家意识到保护水就是保护“钱袋子”的重要性。坎底村党员干部自发组织开展巡河保护。村干部介绍，最火爆的7、8、9月份，他们6个人一班，每天分片包干巡河，保护好这条溪，已经成了村民们的自觉行为。

以水兴业，充分挖掘当地文化特色，打造“流域引客、景区留客”的流域乡村休闲游产业带，石

柯城区石梁溪司马堰

梁溪正从河湖治理迈向打造共同富裕的溪带。

在石梁溪流域整治中，当地修复或兴建起司马堰、海龙堰等数条各具特色的堰坝，以及依托金庸武侠文化与沿线堤岸、滨水景观带融合而建设的金庸文化广场、十三太保壁画等。以水利项目为基础，大力开展麻蓬未来乡村建设：奔涌大气的海龙堰旁，以《碧血剑》中温家堡为原型的休闲茶吧已建成结顶；石梁溪畔，一座三层高的“龙门客栈”拔地而起，主营武侠主题餐饮；而原先的金庸文化广场则直接成了武林大会的打擂场地。优越的水生态景观和优质的水资源，直接吸引了浙江静禾农业科技有限公司在此投资兴业，先期投资 1 亿元的稻虾供养项目直接落户石梁溪边。因水而兴的新麻蓬村，如今已成为市民休闲游玩的又一好去处。

八甲坝

僧筑功德 渠水流清

《开化水利志》2006版记载：八甲坝位于马金镇姚家村马金溪上，长287米，高2米，灌溉面积1700亩，是开化县境内有名的堰坝。八甲坝，初名和尚坝，元朝元贞元年（1295），由普鉴寺僧人姚宝募化兴工修建，故名之。提起这条巨坝，有一段动人的传说。

开化县八甲坝

开化县马金溪姚家源段

清康熙十八年（1679），镇东天童山寺方丈做完佛事，走出大雄宝殿，伫立山巅观赏风景，见山下一马平川，忽发奇想，若引水种粮，惠泽一方，岂不善哉！日有所思，夜有所梦。当夜，观音大士托梦：你欲行善积德，何不敲响木鱼串村走巷去唤醒黎民百姓，开渠引水？

菩萨指点迷津，方丈唯命是从。打这之后，老方丈每日身披袈裟，在姚家村穿行，口里振振有词。连续一个月过去了，一天姚氏族长路遇方丈，便探问："高僧昼夜辛苦，是不是化缘扩建庙宇？"

"非也。我期盼姚氏望族，村前开渠造坝，引水灌田，百姓丰衣足食。阿弥陀佛。"

"高僧有心行善，我们当鼎力相助。"

这一年金秋，远近百姓提箕扛锄蜂拥上工地破土动工。大战数冬春，大坝竣工，为了纪念高僧，取名“和尚坝”。

谁料光绪三十四年（1908），山洪暴发，河水猛涨，倾盆大雨，洪涛汹涌，把好端端的和尚坝吞噬了。此后再也无人问津了。

几年后的一天，县知事出衙，地方绅士陪游天童山。一路所见水田旱地均种玉米，便问何故？绅士答道：“和尚坝被大水冲毁，哪有滴水灌溉，农民只好种玉米。”

下山后，知事立即召集地方绅士协议造坝开渠，并成立董事会，推举财主林复隆主其事。

姚家、马金、星田划分八甲，每甲100亩，同时选出甲头。摊派每亩银洋6圆，折稻谷200斤左右，由甲头负责集资，开工上马。大坝终于建成，从此，“和尚坝”改为“八甲坝”。

大旱之年，“约法三章”，安民告示，由甲头负责，“一把锄头”轮流统一放水，先远后近。每甲一昼夜，循环往复，违者处罚。每年受益田需交纳坝金，折谷每亩6斤，用于扎坝，放水工开支。

当时迷信说，此地有乌龟精，怠慢不得，如果它一发怒就要颠坝，造成劳民伤财。因此，每年要举行两次祭坝仪式，以猪头、斋饭、香纸供奉，祈求大坝平安无恙，水畅年丰。祭毕，甲头等上十人聚餐，总结一年水利事。

古镇上有位曾赴法国勤工俭学、回国身居要职的林则瑞先生。有一年他回故乡，听说八甲坝引水主渠入口百米段漏水严重，立即拍板，慷慨解囊，出资打石板砌水渠两壁，并设法运来洋灰（水泥）100桶，用以堵绝漏水。至今，乡亲父老仍不忘林则瑞先生热心家乡公益事业的义举。

八甲坝历经多年重修。现重修堰顶高161.5米，拆除50厘米厚坝面，后新建C20混泥土堰体厚40厘米，面层采用10厘米青石板铺设。堰坝两岸上下游与新建挡墙衔接，坝脚采用大块卵石回填。与八甲坝同建的马金街老水渠，长达2000余米，自八甲坝引马金溪水过涵塘，经姚家村，穿马金街，至江湾文昌楼，流入星田大畈，不仅溉田2000余亩，而且还能为数百户居民洗涤之用。清康熙七年(1668)，蓂淇居士诗云:“渠水飞檐夹路斜，渠中流水净无沙。平畴灌溉三千亩，比屋沾濡五百家。涤砚喜看鱼戏墨,濯缨时动浪生花。叮咛了却当年事，依旧朝宗到海涯。”

堰坝至今仍然用于农田灌溉，堰坝下游修建有桥梁、水车等景观小品，环境优美，水质良好，维护到位。

彤弓山堰
庇护了西周王族后裔数百年

赠彤弓徐氏旧居

百灵高耸天尺五，下有偃王之祠宇。
迂回冈阜效其灵，犹作彤弓历终古。
一条水玉急如弦，四望翠屏整若堵。
山村白屋是谁家，偃王贤裔启兹土。
诗书礼乐贻孙谋，科甲人文绳祖武。
宛然天上半月形，凹处藏来三万户。
又若江南一小京，左蟠龙蛇右踞虎。

〔清〕詹绍治

常山县彤弓山村水美风光

彤弓山堰

彤弓山堰，位于龙绕溪中段彤弓山村西南。该堰始建年代不详，民国二十八年（1939），堰址处新建筑石坝，修建水渠，引水入村，担负着下游500亩粮田灌溉，村民还依靠渠水盥洗农具、衣服。

而彤弓这一地名，隐藏着的是一段西周王族的过去。

彤弓山村，位于浙江衢州常山县的大山深处，整个村落山环成弓，水流似弦，古桥如箭，蓄势待发，兴盛之相呼之欲出。这里的村人以徐姓为主，宗谱记载是西周徐偃王后裔。其先祖徐国镇于南宋咸淳年间迁居于此，距今已有800年的历史。据传，西周时期，徐国国君徐诞在开掘运河时，挖出了一副“朱弓赤矢”，即“彤弓”，天下人都认为这是祥瑞之兆，东方诸侯各国遂推举徐诞为偃王。宋代末年，徐姓的一支由龙游县灵山迁居常山，其始迁祖徐国镇任掌兵副千户之职，为纪念先祖“天赐彤弓”的传奇事迹，他专门建造了一座议事大厅，命名为“彤弓山舍”，彤弓山由此得名。

徐偃王画像

《诗经·小雅·彤弓》中有云："彤弓弨兮，受言藏之。我有嘉宾，中心贶之。钟鼓既设，一朝飨之。"描写的正是西周时期天子赏赐有功之臣的场景。彤弓，即漆成朱色的大弓，在西周时期，这是天子用来赏赐有功诸侯的宝物。

彤弓山徐氏一族，书香门第，明贤云集，仕官行善，各有所长。《徐氏宗谱》(1838年版)记载，彤弓山徐氏共有官宦15人，秀才乡绅以上51人，族人或仕官，或行善，或传家，各有所长。其中最有名的就是徐海、徐金陵。徐海是彤弓山的首位进士，他为政清严，不畏权贵，曾经面对魏国公徐俌(徐达五世孙)不卑不亢，依法将其强占的民田退还于民，深受百姓爱戴，累官至四川布政司参议。徐金陵是徐海的堂弟，做事心思缜密，能力超群，在仕途中屡屡临危受命，从容处置了多项"烫手山芋"般的繁杂政事，皇上对其奖赏有加，累官至湖广布政司参政。

徐氏一族，在彤弓山得以繁衍生息下来，而彤弓山堰，引发源于球川镇叶溪岭的龙绕溪水，庇护了偃王后人在这里繁衍生息八百年，恪守着敬天崇道的朴素伦理，传承着偃王仁义持家的祖训，浸润出自然与人文积淀厚重绵实的这一方福地。

2017年，常山县水利部门在龙绕溪生态治理中，对彤弓山堰进行了改造提升，堰体内部为沙砾料填筑，外部用块石和条石砌筑体包裹，堰长60米，堰高3.5米，堰顶设汀步，在保障当地百姓生产生活用水同时，更让堰坝成为村中一景。彤弓山村被列入浙江省首批历史文化村落，第五批中国传统村落名录。2019年，以彤弓山村落为主体的彤弓山景区被评为国家3A级旅游景区。

鹿溪堰

『之』字形堰坝美学集大成者

过江山县浮桥有感

堪笑行人日日忙，又扶衰病过浮梁。
滩流急处水禽下，桑叶空时村酒香。
枯栟敢怀贪雨露，饥鸿自悯犯风霜。
宦途商略无安处，早晚归耕剡曲旁。

〔宋〕陆游

鹿溪堰

江山市江山港（城区段）

唐武德四年（621），析信安县（今衢州城区）之南川置须江县，此为江山建县之始。以城南有须江得名，须江即今天的江山港，又称鹿溪，是钱塘江上游一级支流，也是江山人民的母亲河。

鹿溪之名源于一个美丽传说。据传古时江山三面环林，有鹿群在此栖居，甚众。隋初有一爱鹿之人，时常在此数鹿并与之嬉戏，每次都是 666 只，不多不少。一日为避恶狼来袭，此人赶鹿群渡水，不想群鹿下水深潜，不复上岸。此后其人日日寻找不复见鹿。终有一日有神仙托梦曰：“不必再寻，666 只鹿将变成 666 个才子禄士次第问世。鹿溪，是藏鹿纳士之福地哉！”此后果然江山代有才人出，涌现出一大批文人学者。

不仅是人文福地，江山亦是衢州的水利大县，是全市目前唯一拥有两座大型水库的县级市，自古以来，水利遗存颇丰。这其中，鹿溪堰因其独特的“之”字造型，展现出古代江山人的治水智慧。

鹿溪堰始建于南宋乾道年间，截江山港水域而建，位于城市中心位置，是城区鹿溪渠水之来源。堰长322米，高3米，灌田6480亩。

鹿溪堰拥有独特的“之”字造型，如青龙卧波横亘于江山港上。据水利专家分析，“之”字造型的设计原因：其一应是改变水流方向，以减轻老城区防洪压力；其二可以缓解汛期洪水太猛烈对堰坝坝体的直面冲击，而且因“之”字产生的截水面给鹿溪渠进水闸提供更充足的水源；其三从技术上看，“之”字形可以分段浇筑，方便施工。以现在的眼光看，鹿溪堰仍然既美观又实用。

相传古时江山城东有青龙潭，常年潭水深广，清净明澈。南宋隆兴、乾道年间，朝廷派鲁訔知江山，次年春大旱，夏复旱，青龙潭仅剩一泓水。白渡坂田地龟裂，禾苗枯焦，城里人水贵若油，怨声载道，而衙门却课税不止，人头税、猪羊税、狗尾税、饮水捐、点灯捐、行路捐，税捐连缀。众民骂道：“衙门苛罚千万条，旱灾、人灾何能受得了？”遂组织请龙队数百人，肩扛红龙桶，手拿锄钗棒，冲进衙门与县尉辩理。鲁知县出衙迎众：“有话好说，有话好说。有高见可诉。”众民提议：“一、停止所有苛罚，良待百姓；二、统一井泉管理，分水到户；三、开沟引水灌田，保住禾苗。”县主当场承诺。翌日，知县主动加两条：一、自己拿出半年薪俸，支持民众开渠；二、县衙门所有官吏，与民一同下地开渠。第三天，县丞与技工测好渠道，全城上下分十段施工。渠道从青龙潭左口引入，经通禄门、妙莲洲，穿九龙滩、养济院，至北关、白渡坂，约300丈。全渠人若蚁动，挥汗如雨。衙门官吏包开30丈，商人住民包开 60 丈，余由沿岸受益田户包开。冒三伏酷暑，民不畏其累，吏不畏其劳。鲁知县脱去官服，与民一同掘土。如此连掘三昼夜，渠道即成规模。初，沟渠位高，入口处以六部脚踏水车分三级进水。一昼夜竟使几百亩稻禾获救。沿岸灾民欢天喜地。嗣后，渠道继续加深加宽。未料，十天后，峡口上游一带普降喜雨，青龙潭盈盈碧水流入渠道，全城上下奔走相告。农人喜其可灌田，妇人喜其可洗涤，孺儿喜其可泳游。鲁知县又当机立断：率领众民在青龙潭口下游堆大石，填竹笼，垒成鹿溪堰。百姓称颂此举为鲁知县牵龙入城。

此堰明代又建。清康熙年间刘中舟重修。同治五年（1866），邑人毛晋翰、姜振麟等，又照荫各田，按捐修筑。旧时陂堰，打木桩、填大石，以溪石筑砌，嵌糯米胶灰固基，上压鹅卵石，但所填竹笼常为洪水所毁。民国八年（1919），知事（县长）王毓芳，会同士绅何镛、诸葛煦，复作大事修筑，堰址下移 33.3 米，分 10 段施工，下垫松木，上压大石，筑成长 470 丈、宽 40 丈、高 3.3 丈的石头堰坝，耗资 6000 余银元，荫田 2400 亩，后曾立碑记其事。1956 年，县长武同升与水利干部郑仲达、郑石水、毛叙昌等，以公办民助经费，领导群众用开山石浆砌，修筑半永久性鹿溪堰坝，长 300 米，高 2 米，右岸设行船筏道、排砂闸等建筑物。1984 年汛期，鹿溪堰坝为水所毁 70 余米。是年冬，由县长杨子荣及郑仲达、夏樟土等，筹资 6.1 万元，由姜松泰任工程师，将坝体向下移 5 米，以混凝土块石筑砌，投入土石方 1.8 万立方米，建成总长 322 米，高 3 米，略呈“之”字形永久性水泥坝。

鹿溪堰历来有管理组织，并收取水费。到民国六年（1917），江山县政府饬令成立鹿溪公堰水利会并征收灌溉水费。1949年后，江山县城关镇设立鹿溪公堰水利委员会，由35人组成，设主任1人，副主任1人，理事14人。1963年，由城关公社（镇）主持，完善管理机构，负责常年性的堰渠灌溉、维修以及制定规章制度等。1958年，因水利会领导人员调动，水费停收。1959年，重新整顿组织，恢复收费制度。1962年，继续坚持专业管理与群众管理相结合制度。1989年，水利委员会制定《堰渠管理办法》，确定灌区为城关、赵家、大溪滩、上余、丰足等5乡镇，24个行政村，直至今日江山市鹿溪渠水利协会仍然管理鹿溪渠，灌溉面积1.1万亩。

鹿溪堰对江山的影响是深远的，不但满足人们的灌水需求，更是江山城区内河水之源，世世代代守护江山人民。

高峡平湖活水来

三衢大地的当代治水史，是一曲壮志凌云的豪放之歌，亦是一首万众一心写给家乡的深情告白诗。拼着一腔“人心齐、泰山移”的坚定信念，靠着一股“不等不靠、自力更生”的拼劲狠劲，高峡之上出平湖，荒地所在变沃野，汹涌衢江化为柔婉信安湖。在历经了上千年的与水博弈之后，横亘在三衢儿女心头的“旱”“洪”两大难题有了新解，而这一赓续传承的治水精神，犹如一泓活水，生生激发出新的内生动力来。

铜山源水库

万众一心捧出『衢北大仓』

咏铜山源水库三首（其二）

铜山源漫远，碧水舞长龙。
高霞银湖出，平川稻米丰。
千秋干旱地，今日绿荫浓。
笑看明珠照，三衢江半红。

傅春龄

衢州市铜山源水库

衢州市铜山源灌区

一座水库，一座精神丰碑。

铜山源水库位于衢江一级支流铜山源上，衢江区杜泽集镇以北，距离衢州市区约 23 千米。于 1974 年建成，集雨面积 180 平方千米，总库容 1.71 亿立方米，正常库容 1.21 亿立方米，水域面积近万亩，是一项以农业灌溉为主，结合防洪、发电、洁水渔业、水资源保护等综合利用的全国大型水利骨干工程。

历史上，浙江衢北地区一直缺水非常严重，水旱灾害频繁发生，一到干旱季节，溪水断流，一季稻禾都枯死，便会导致颗粒无收，民不聊生。当地流传着这样的民谣：“十年九年荒，累断腰背骨，每亩收斗粮。”所以，衢北和龙北的民众一直以来都非常盼望能建设一个大水库，来彻底解决饮水和灌溉问题，以摆脱贫穷落后的枷锁。

据《衢县水利志》记载，铜山源水库 1958 年 10 月首次动工，断断续续长达 20 余年，经历了

1973 年铜山源水库大坝建设现场

堵口誓师大会

"大跃进""三年自然灾害"和"文化大革命"三个特殊的历史时期，因而工程建设有过"三上两下"的曲折过程。1978 年 1 月 1 日，铜山源东、西总干渠全线通水，衢县县委在大坝脚召开万人庆祝大会，沿渠数万群众观看通水盛况。这也标志着铜山源水库工程基本完工。

铜山源水库是一个在中国改革开放之前，在中国共产党的领导下，以要高山低头、要江河让路的大无畏英雄气概自行施工建成的大型水利工程的典范，建设铜山源水库是一段激情燃烧的历史，时任衢县县委副书记的谢高华带领数万名党员群众克服困难修建而成，解决了衢州北部的农田灌溉难题，被誉为衢北的"红旗渠"。如今，40 余年时间过去了。大坝依旧挺立，"铜山源精神"

1978 年铜山源灌区通水

铜山源水库泄洪洞打通庆祝大会

成为红色根脉，激励着后人继往开来。

铜山源水库枢纽工程由大坝、泄洪洞、输水洞、电站等组成。受益范围有衢、龙两县共 24 个乡镇和十里丰农场，灌溉面积 18.1 万亩。灌区有总干渠 2 条，共长 65.3 千米。西总干渠自水库至万田乡翁塘垄水库，全长 22.31 千米。沿途有渡槽 8 座，隧洞 4 处，节制闸、泄洪闸 12 座；有干渠 6 条，共长 48.8 千米，灌溉面积 5 万亩。东总干渠自水库至龙游县横山乡八石坂水库，沿途有渡槽 18 座、隧洞 3 处，节制闸、泄洪闸 18 座；有干渠 14 条，共长 178.6 千米，灌溉面积 13.36 万亩。水库水利枢纽工程在灌区的防汛减灾、供水抗旱、促进经济发展、维护社会稳定等方面发挥了骨干作用，也彻底改变了灌区农业严重缺水现象。特别是在

铜山源水库建设时期，悬崖打炮眼（1973 年）

旱情严重的年份，铜山源水库所发挥的效益更为突出，使“衢北大荒”变成了“衢北大仓”，把“干旱荒原”变成了“肥沃良田”。

近年来，铜山源水库管理局及时掌握灌区天气情况，科学制订农业灌溉供水计划，2018 年，实施农业灌溉用水 4385 万立方米，为灌区农业发展提供了有力的水资源支撑。由原来单一的农业灌溉供水向生态、生产、生活多样化供水转型。目前，水库水质稳居三类水。水质自动监测站点，增加食藻类洁水鱼种的投放和养殖。同时水库也在转型中焕发新的生机，旅游开发步伐不断加快。推出铜山源水库旅游综合开发项目，以铜山源水库为核心区，核心规划面积 22.6 平方千米，计划总投资 52 亿元，建设周期 10 年。双桥·水云间项目、铜山源休闲度假旅游区项目等已陆续开花结果。

做足铜山源水库旅游综合开发这篇大文章，打造浙江省“大花园核心景区”和“乡村振兴试验区”的生态旅游精品项目，带动衢北一方经济的发展，推动衢北乡村振兴，真正把铜山源的美丽生态转化成美丽经济，实现“一汪清水再惠民”的目标。铜山源正以新的魅力为世人所惊艳。

乌溪江引水工程

风雨兼程战山河

鹧鸪天·咏乌引工程

千里仙霞汇百川，烂柯山下聚龙涎。江南一道红旗渠，奏出衢龙不旱天。　逢盛世，出新贤，万年红壤换新颜。乌渠引得春多少，绿满黄丘翠满田。

柴　非

衢州市乌溪江引水工程渠首段

乌引渠首大坝与反调节水库新貌

在浙西南金衢盆地，一股清澈的水流从乌溪江源头出发，向东跨越衢州、金华两市五个县（市、区）的20个乡镇，滋润灌溉了72万亩农田，为渠道沿线65万居民提供生活用水。它全长82.7千米，其中衢州境内53千米，金华境内29.7千米，飞过灵山江，跨过10条溪，穿过18座山，越过50多处大型建筑物和340多处小型建筑物，是集农业、工业、生态、发电、防洪、旅游和人民生活用水于一体的大型综合性农田水利工程。它就是乌溪江引水工程，是浙江省“八五”重点工程，被誉为“江南红旗渠”。

乌溪江，古称东溪，为衢江一级支流。改变衢州人“干旱天命”的乌溪江引水工程，拦江筑坝开渠引水，将乌溪江的奔流江水送入衢州的久旱龟裂土地，是由谢高华最先提出来的。

谢高华，义乌小商品市场的创始人，被国务

乌引通水典礼

院授予改革先锋称号。他出生于衢江区横路乡贺邵溪一个赤贫的雇农家庭，曾过旱地承受过干旱之苦，深知水对于衢州农业和农民的命脉意义。

20世纪70年代，谢高华先后担任衢县县委副书记、书记，衢州（县级市）市委书记。在乌溪江引水工程建设之前，他参与决策，组织衢县人民修建了3.9千米的西干渠，从乌溪江上的黄坛口水库引水，解决了5万多亩农田的用水紧张问题。

为彻底解决衢州南部干旱问题，1985年，谢高华萌发了建设乌溪江引水工程的念头，拦截乌溪江，飞跃灵山江，从根本上解决衢州南部55万亩农田严重干旱缺水的问题。在谢高华的力推下，衢州市委、市政府把乌溪江引水工程建设提上重要议事日程。

1988年9月，衢州市乌溪江引水工程建设总指挥部成立，57岁的谢高华任总指挥。1990年1

时任衢州市政府常务副市长、乌引工程总指挥谢高华（中）参加乌引工程劳动并在田头召开工作会议

月2日，“乌引”正式动工。一万多名义务出勤的民工从四面八方陆续汇集到衢南枢纽站和渠首4千米的工地上，摆开了阵势，大家坚信靠着团结的力量能创造奇迹。

乌溪江引水工程开工后，面临资金紧张问题。为筹集建设资金，谢高华提出发动群众自愿捐款。上至衢州市委书记，下至衢州普通农民，纷纷慷慨解囊，只用一年时间就筹集资金4000多万元。

1990年11月，乌溪江引水工程在几十千米长的工地上全面展开，6万多农民挥锹、挑土，川流不息。乌溪江引水工程衢州段副总指挥翁云祥回忆说：“当时工程装备很少，更多是依靠人工肩挑手挖。许多农民自带干粮、工具，在工地上吃咸菜拌饭，支援乌溪江引水工程建设。妇女起早贪黑，舍弃家事在工地上干活。”为了靠前指挥，谢高华将总指挥部办公室从衢州市政府大院迁到工地现场。

1992年8月，从渠首至龙游犁园段总干渠试通水成功，在农田抗旱中发挥了重要作用。1994年8月初，衢州市范围内的53千米总干渠全线贯通。1994年8月4日，浙江省政府在龙游举行隆重的乌溪江引水工程之衢州至金华通水典礼，之后又陆续将水送到金华的2个县（区）。

风雨兼程战山河，双手凿开千层岩。衢州人民4年多艰苦的“逆天改命”努力创造了奇迹。“自力更生、艰苦奋斗，团结协作、无私奉献”的乌引精神随之孕育而出。4年间，衢州人民投入1000余万个工日，在53千米的总干渠上开凿了18个隧洞，总长9863米，架设了6条渡槽，总长1468米；建成了5处倒虹吸，总长708米，还

乌溪江引水工程施工现场

完成了430多处小型建筑物，挖填土石方总量达730余万立方米，基本完成了衢州市范围内工程总干渠的建设任务。工程实际总投资达2.88亿元。

乌引工程建成后，衢州南部农田干旱的历史从此结束。滔滔江水灌溉柯城区、衢江区、龙游县11个乡（镇），为沿线东港、沈家、下张和龙南等工业区供水，从根本上解决了衢州市南部地区严重缺水的状况；为衢南23万亩农田送去清泉，25万亩荒山和河滩得到开垦，20余万居民获得清洁而充足的饮用水；为东港、沈家、龙南、湖镇等开发区提供优质水源，仅沈家开发区，“乌引”每天供水1.2万吨，保证了1.2万人250多家工商企业的用水需要。沿线农民连年受益，仅龙游詹家镇一年就增产粮食120万公斤，经济作物增收100多万元。

乌引工程建成运行30多年来，灌区累计引水达25.8亿立方米，其中向金华供水1.5亿立方米，乌引工程已成为衢南经济发展的一条命脉，其水资源也成为衢州市招商引资、工业发展的优势，为衢州经济社会发展作出重大贡献。

乌溪江引水工程的建成使周边的生态环境大为改善。沿线种植柑橘、橙子、胡柚等小水果450亩，全线种植水杉、柏树等各类树木30万棵。渠道两侧种草植被近32万平方米，修筑挡土墙、护坡8000米。现在的乌溪江引水工程已经成为美丽景点。全线完成干渠绿化40千米，春有花、夏有荫、秋有果、冬有绿，工程干渠成了名副其实的“绿色长廊”“生态长廊”。

信安湖

一个湖与一座城的前世今生

忆江南（其一）

江南好，风景旧曾谙。日出江花红胜火，春来江水绿如蓝，能不忆江南？

〔唐〕白居易

衢州市信安湖国家水利风景区

衢州市信安湖国家水利风景区　许军摄

一泓碧水如玉带般穿城而过，一边流淌过衢州古城1800年的厚重沧桑，另一边承载着城市新区的希冀与热望。正如她身处这新老交替的地理位置一般，亭亭玉立于衢州城市中心的信安湖，就像是一首穿越古今的壮丽诗篇，有前世有今生，她以水为墨，细细写就，静待着过往之人前来品读。

她承瀔水而来

如果河流也有前世今生之说，信安湖的前世，就是衢江。

衢江，古称瀔水，古籍中又常写作“縠水”。这一称谓最早见于《汉书·地理志》中“大末，縠水东北至钱塘入江”的记载。北魏郦道元的《水经注》有载：“浙江又东北流至钱塘县，縠水入焉。水源西出太末县，县是越之西鄙，姑蔑之地也。”进一步详述了“瀔水”之渊源。

衢州市信安湖国家水利风景区　许军摄

縠者，《周礼》疏：“轻者为纱，绉者为縠。”古人云：瀫水因波纹如绉如縠，状若天孙之锦云。这或许是古人对于衢江之美景最早的褒奖。“瀫江”“瀫溪”等多次出现于描写衢州的诗词中。唐代朱庆余《送祝秀才归衢州》有“旧隐縠溪上，忆归年已深”，唐末罗隐有“縠江东下几多程，每泊孤舟即有情”，等等。在衢州的史籍中，也记载有龙游瀫水亭、衢州瀫宁寺、瀫宁巷等地名。“瀫水”一词，浸润了这方土地，成为此地延续千余年的文脉传承。

唐武德四年(621)在衢置州，江随地名，衢江由此而名。随之而来的，还有当地文化的大繁荣。有人考证，白居易那三首脍炙人口的《忆江南》中的第一首，写的便是衢江。唐贞元四年(788)，白居易的父亲白季庚因对社稷有功，被

授予衢州别驾一职，此时 16 岁的白居易也得以随行，与父寓居衢州，一待就是三年，就此深陷衢州山水间。当“日出江花红胜火，春来江水绿如蓝”的千古佳句被代入衢江盛景，一切都仿佛是最美好的相遇。

除白居易之外，前有苦吟诗人孟郊，因生活潦倒、屡试不第，跑来衢州寻找心灵安慰，在衢江上感受了一回“翠潋递明灭，清潈泻欹危”。(《浮石亭》)后有往返于汴京城与江西老家途中的王安石，夜宿衢江边给兄弟写下“浅溪受日光炯碎，野林参天阴翳长”的旅途见闻。(《寄平甫弟衢州道中》)

诗人墨客与衢江的因缘际会，概因这里自古就是北方通往南方八省的水运要道。衢江从开化马金溪起至常山港、江山港双港汇流而成，随后经城区入龙游，在兰溪的马公滩纳入金华江，改

衢州市信安湖国家水利风景区　许军摄

称兰江，再北至建德梅城的三江口时，适遇自徽州迤逦而来的新安江，两源合一成“钱塘江”（其中一段为富春江），自此声势更是浩大，穿杭州而过，直奔东海。陆路相近、水系相连，让衢州成了中转要地、交通要道。“闽行者自此舍舟而陆，浙行者自此舍陆而舟”说的就是这个以“衢”字命名的城市作为交通要道的地位。当时的衢州商贸有多繁盛？据史籍记载，宋熙宁十年（1077），衢州州城商税 39383.872 贯，名列浙江第二。瀫水汤汤，迎来送往间，赋予了这座城以灵气与活力，城则让这里的水更生了出几许生生不息的烟火气。

她浓缩了一座城的治水历程

如绉如縠般秀美的衢江却不总是波澜不惊地给衢州城带来灵气与活力的，更多时候，她却是桀骜难驯的。

境内多山地丘陵的衢州，决定了这里的河流

信安湖水文化主题公园　许军摄

坡陡流急，暴涨暴落，“潦则田庐漂没，旱则遍地生烟”一度是这里真实写照。依水而建的衢州城与绕城而过的衢江也曾有过一段博弈的过往。

唐元和十一年（816）五月，衢州山水害稼，深三丈，毁州郭；宋绍兴十四年（1144），衢州大水，城墙冲毁，知州林待聘主持修复；明崇祯八年（1635），大水平衢州城门，漂没人畜无算……

在一次次与江水的较量中，衢州人的治水经验也在不断刷新：临河而建的古城墙在抵御外敌的同时，也演变成防洪堤的一部分，历无数次冲刷与重建；在府城西北建德坪坝，由最早的土堤到加石修筑后又将酒坛贮砂置于堤顶，守护了这座城池 200 余年……城与水的博弈见证着治水历史的不断延伸。

1998 年 6 月 19 日，因连日暴雨，衢江水位暴涨，部分城区严重受淹，市区德坪坝分洪道过水深达 1.2 米，城区 2300 余户民居一楼进水，水深达 0.8—2 米。痛定思痛，衢州市开始分步推进城市防洪工程建设。至 2003 年，共建设三期防洪工程，初步建立起衢江、江山港、乌溪江等重要地段的防洪体系。

她是水利写给这座城的散文诗

信安湖的今生故事，从一个水利工程说起。

2006 年底，水利人在衢江上建成塔底水利枢纽而蓄水，衢江城区段由此形成了一个面积与杭州西湖相当的人工湖，因衢州旧称信安郡，得名信安湖。一个湖与一座城的羁绊，早在命名之初，便已牢牢维系。

信安湖的诞生，彻底改变了衢江上"潦则盈、旱则涸"这一"看天给水"的窘境。依靠水利部门对上下游各大水库和水利枢纽的综合调度，城区水位得以更为科学地调控，特别是进入秋冬枯水期，"河床变河滩，碧水不复见"的衢江季节性断流旧景不复存在。

2013 年，水利部门开始了轰轰烈烈的信安湖水系改造提升工程，遵循"道法自然"的理念，在满足防洪功能前提下，水利巧匠们让防洪堤保留了原始河道的生态曲线，建起一座"春季樱花烂漫、秋季黄金水岸"的防洪堤公园，让一座城因一个湖而生动起来。信安湖更因城水和谐共荣被授予国家水利风景区称号。

除此之外，信安湖那刻在骨子里的"瀫水文化"基因也开始萌动。为了尽可能还原旧日衢江盛景，一批曾盛极一时的衢江古埠、古渡被融入堤防建设后得以呈现出来：让孟郊著诗念叨的浮石潭边，建起了浮石古渡水文化主题公园；白居易、王安石、杨万里们吟咏的衢江被收录在公园里的衢江诗词文化长廊中，静待游人品读；明清时的浙西水上物流集散地柴埠头被复建起四喜亭码头，寓意“人间有四喜”。随着水亭门历史文化保护街区的开发，水岸联动，让这里成为衢城最热闹的网红打卡点，也让曾经远去的烟火气，在江水边如昼灯火和鼎沸人潮中渐渐回归。

在不远的将来，一座被称为浙江省落差最大的人工瀑布——龙吟瀑即将在信安湖上揭开面纱，这个融观光旅游、文化科普、康体休闲于一体的综合项目是水利衢江治理二期的核心节点，穿越古今，这更像是水利写给这座城市的散文诗，惊艳了时光，留待后人细品。

湖南镇水库

钱江源头的一颗明珠

川陆所会，四省通衢。衢州，自古就占据着浙江省重要水系的脉搏，是母亲河钱塘江的源头。湖南镇水库位于钱塘江干流衢江支流乌溪江上，是钱江源头的防洪通道，水库坝高 129 米，曾被誉为“华东第一高坝”。

据《衢县水利志》记载：1957 年，湖南镇水库

湖南镇水库

湖南镇水库大坝下游风光

由浙江省工业厅委托上海水力发电勘测设计院进行设计。同年 10 月，上海水力发电勘测设计院组成勘测队勘测坝址地质，次年 3 月提出报告，经浙江省人民政府和浙江省重工业厅会同苏联专家审定坝址，动工兴建。坝址处河谷较窄，河床宽 110 米。水库枢纽工程由混凝土梯形支墩坝、5 孔坝顶溢洪闸、4 孔中孔泄洪洞、发电输水隧洞及引水式电站组成。工程开挖土石 109.31 万立方米，浇灌混凝土 145.58 万立方米，设备安装 3600 吨，用钢材 2.54 万吨、木材 6.16 万立方米。湖南镇水库大坝顶宽 7 米，坝长 440 米，高 129 米，大坝正常蓄水位时，水库库容 15.82 亿立方米，防洪库容 4.78 亿立方米，总库容 20.6 亿立方米。多年平均发电量 5.6 亿千瓦时，保证出力 5.37 万千瓦，在电网中主要担负调峰任务。

1994 年湖南镇水库扩容

湖南镇大坝的建成，上游被提高了上百米水位的汪洋碧波，形成了一个六万多亩水面的水库。

湖南镇水库大坝泄洪

而从百米高坝深处涌出的低恒温水，又形成下游近万亩的黄坛口水库的水奇、雾奇、风奇的自然景色，水库水温呈冬暖夏凉的独特生态环境。

1974 年，经水电部批准，湖南镇电站总装机容量最终确定为 17 万千瓦。同年，库区开始移民，至 1980 年结束。1979 年第 1 台机组发电，1980 年 10 月 4 台机组全部并网投产。水库淹没耕地 1.15 万亩，淹没房屋 77.77 万平方米，移民 2.37 万人。(《乌溪江水力发电厂志》）1994 年 12 月扩容工程开工，1996 年 10 月扩建工程完成。湖南镇水电站是继新安江、富春江水电站后，浙江省建成的又一较大水电站。湖南镇水库是一项以发电为主，集防洪、灌溉、航运、供水等于一体的综合性大型水利工程。工程等级为一等，主要建筑物级别为一级。万顷碧波蓄于高山峡谷、群峰万壑中，似幽谷明珠，又如高台明镜。

湖南镇水库

衢州水文站

百年风雨中的守护者

瀫　水

波纹端与縠纹同，正倚阑干想像中。
更被轻舠横截去，斜阳染出半江红。

〔宋〕汪　佖

衢州水文站

衢州水文站旧址

衢州水文站位于衢江右岸，上游约 3.4 千米为江山港和常山港汇合口，下游右岸 8.5 千米有乌溪江汇入。它伫立于钱塘江上游，历经风雨，见证潮起潮落，百年初心未改，只为守护一方平安。

在衢州有这样一句谚语，“不怕七月半，就怕端午水”。端午节前后至梅雨期结束，冷暖空气辐合带在衢州上空徘徊。几乎年年都有连续性大到暴雨，接着江河水位猛涨，而衢江两岸人口居住密集，百姓深受水灾困扰。为此，设立水文站监测衢江水位显得尤为重要。衢州水文站始建于 1930 年 3 月，是浙江省第一批设立的国家重要水文站、中央报汛站，也是钱塘江上游防洪监测预警的重要控制站，该站集水面积为 5424 平方千米。

建站初始，名为衢县水位站，观测项目仅有水位一项。1935 年 10 月改名为衢县水文站，后逐步增加流量、泥沙、水温、降水、蒸发、墒情、水质等监测项目。1942 年因日寇进犯浙东停测，1947 年恢复观测。1949 年 5 月至 1950 年 1 月短暂停测，后一直观测至今。2002 年由衢县水文站更名为衢州水文站。

2020 年进行原址重建，总投资 2450 万元，占地面积 474.8 平方米，建筑面积 962.8 平方米。2021 年底，浙江省衢州市水文站现代化示范改造项目投入使用，百岁老站焕发生机。新水文站通过自动化、智能化、社会化、现代化“四化”建设，打造成集提升水文品质、发扬水文化、传承水利精神为一体的多功能水文站，全力打造成为“活力新衢州”地标性建筑、信安湖畔闪亮的明珠、衢州古城的城市阳台。

衢州水文站以全自动全量程全要素打造国内技术一流水文测站，采用目前国内先进的侧扫雷达、走航式测流仪等水文监测设备和技术，综合应用互联网、物联网和5G技术，利用流域洪水预报数据模型，大幅度提高水文测报的及时性、准确性和科学性。

水位台采用42英寸显示屏，滚动展示衢州水文站的基本介绍、测验全要素、宣传等内容。屏幕下方安装了2套浮子式水位计和1套雷达水位计，使用不锈钢十字架避免了设备互相干扰，其测量范围54.30至66.60米，衢州水文站历史最低水位为54.88米，百年一遇水位为66.31米，能测到最低水位及百年一遇水位，实现全量程监测。在测井四周安装灯带，白天和夜间都能看到测井内部的情况。

衢州水文站以服务于城市整理规划为指导，将生态概念融入创建过程的每个细节中，对水位观测台、水尺、雨量观测场等进行了精心设计，全新设计了雨量体验设备、科普区和实验区，将传统的水文勘测融入科普教育，寓教于乐。

东南阙里话安澜

阙里借指孔庙，两宋之交，孔氏随驾南渡，赐家衢州，衢州也因此被称为“东南阙里”。南孔在衢定宗，也带动了儒学文化在此繁衍生息。在衢州治水历史中，儒家“天人合一”也一直贯穿其间，既体现在城与江河的攻防“拉锯战”中，也体现在山区防洪的先民智慧里，在岁月的磋磨和洗礼中，逐渐幻化成一幅共荣图景。

古城墙防洪遗址群

金戈铁马数百年 护城安澜成一统

瀫水环漪

水华千里抱城流，曾泛当年载鹤舟。
明月满江风静夜，令人闲眺几回头。

〔明〕赵时齐

衢州城墙水亭门

衢州城墙水亭门　谢丹摄

衢州古城墙防洪排水遗址：古城墙

衢江滔滔，古城巍巍。

水傍城而过，城依水而建。衢州有 1800 多年的建城史，至今古城遗址仍相对保护完整。1994 年 1 月 4 日，国务院颁布第三批国家历史文化名城，衢州跻身其中。

城墙作为冷兵器时代的产物，最重要的功能是防御，其次是防洪。目前，衢州城墙存有东门、大南门、大西门、小西门、西安门等六座城门；古城西临衢江，另三面设有护城河，护城河至今仍保存较完整，包括斗潭湖、南湖、东段城墙外各沿墙鱼塘以及相互间连接水道。

史料记载，衢州最早的城墙始建于东汉初平三年（192），当时的城墙为土城墙。现在考古发现的衢州城墙，始建于唐武德四年（621），宋代的时候改为砖城墙。目前在水亭门等地所见的

衢州城墙礼贤门

城墙，为明清时期筑成和修缮。明《天启衢州府志》载："城墙一丈六尺五寸，广一丈一尺，周回四千五十步。"以宋元计量单位算，则城墙高 5.23 米，宽 3.48 米，周长约 6221 米，合 6.221 千米。明代一里为三百六十步，合一百八十丈，一丈约 3.33 米，一里等于 600 米，明代衢州城周长为 6 千米多。今存大南门有 7 米之高，12 米之厚，一块筑墙城砖就重达"24 斤半"，坚固结实。民间流传唐武德四年修城由唐初大将尉迟恭主持，城墙中亦发现少量"尉迟敬德监造"铭文城砖，清代文人吴士纪曾作《唐尉迟城砖歌》。但查史料不见有关尉迟恭曾涉足江南的记载，言其领兵来衢筑城于史无征，尉迟监造砖或是一种压镇驱邪作用的"吉语"砖。

衢州城墙西安门

城坚民安。公元 841 年，任衢州刺史的唐代诗人崔耿曾以"一邑风景，万井人烟"诗句描绘当时衢州的繁荣。

衢州地处浙闽赣皖四省边际，川陆所会，四通八达，南际瓯闽，北抵歙睦，东达沪杭，东南锁钥，向为军事要地。常山江、江山江、乌溪江等“九龙汇水”，绕城而过，衢州古城犹如一座水上城堡，易守难攻，历来为兵家必争之地。有史料甚至这样记载：“守两浙而不守衢州，是以浙与敌也；争两浙而不争衢州，是以命与敌也。”

公元236年，三国枭雄孙权命征虏将军郑平率军前来瀫水之畔的衢州驻守。郑平以峥嵘山为中心，依山筑墙，修筑营寨，奠定了衢州城的雏形和基础。《三国志·诸葛恪传》载：“与吴郡、会稽、新都、鄱阳四郡邻接，周旋数千里，山谷万重。”此应为当年孙权选择今衢州之地筑城驻军的缘由。从春秋战国时期开始，在衢州地区发生过数百次大大小小的战役，东南地区一旦发生战争，衢州必定是兵家必争之地。坚固的城墙，为衢州建起了一道屏障，保护了衢州的安全。历史上多次重大战役的局势在衢州发生转折，方腊起义、黄巢起义、太平天国运动、北伐军进攻孙传芳部等，都曾在衢州受挫，久攻不下。太平天国翼王石达开、侍王李世贤等，率军数次围攻衢州，最长的一次达半年之久，但都因城墙高而坚固，易守难攻，而损兵折将，无功而返。

见证千百年的金戈铁马，经受一次次战争洗礼，衢州这座古城池总能屹立不破，在战火中锤炼出了“铁衢州”的名头。

深究“铁衢州”说法的来源，与清初杭州总督李之芳和清末太平天国运动有关。

清康熙十二年（1673），“三藩之乱”爆发，次年福建靖南王耿精忠兵分两路进攻衢州，混战3年，大小数十场仗，衢州始终未被攻克。身为当地总督的李之芳带领部队坚守衢州，为胜利奠定了基础。此时，出现“铁衢州”一说，赞李之芳保卫衢州的赫赫战功。后来的太平天国运动中，又出现“铁衢州”一说，则谓衢城坚不可摧。咸丰八年（1858），太平天国最能征善战的翼王石达开围城91天而不破，黯然败退。3年后，太平军后期主将忠王李秀成、侍王李世贤30万大军席卷浙江，衢城固若金汤，成为全浙两座没有失守的府城之一。

20世纪40年代，衢州古城再遇兵燹之厄，遭受了毁灭性创伤。1942年与1944年，日本侵略军先后2次对衢州狂轰滥炸，“铁城”衢州遍地残垣断壁。《重修浙江通志稿》记载：“衢州城墙……屡遭日军轰炸，城毁甚多，战后仅余残垣，月城皆已拆毁。”

改革开放后，衢州古城保护被提上议事日程。1982年4月25日，衢州市公布“衢州古城门”（含大西门、大南门、柯山门和钟楼）为市级文保单位；1986年，加固维修水亭门、大南门；1989年12月12日，衢州城墙被省政府公布为省级重点文保单位；1994年，加固维修水亭门城台；1998年，完成水亭门南北两侧城墙修复；1999年，复建水亭门城楼；2000年，修复小南门；2001年，修复大南门及瓮城；2006年，修复小西门与西安门；2006年5月25日，“衢州城墙”（含城门、城墙及其遗址、护城河、钟楼）被国务院公布为全国重点文保单位；2015年，启动北段城墙修复工程。

衢州古城墙防洪排水遗址：城河

城池城池，有城必有池。

《衢州市志》云：“衢州城河由外濠和内城河组成，相互贯通。具有护城、引水、排水、灌溉、泄洪多种功能。”濠，亦称护城河，是由人力挖掘的围绕城墙的人工河。此即说明衢州城河分为护城河和内城河（亦称内河）两部分。

至今仍保存较完整的城中水景斗潭湖、南湖，即为古之护城河，是衢州整个城市水系的重要组成部分。

斗潭湖在古城北侧，西起德坪坝，东达府东街，全长 1170 余米，占地面积 3.64 万平方米，水域面积 2.09 万平方米。因地势较低，历来作为衢江遇到特大洪灾时通过德坪坝调峰泄洪保护城区安全的区域。每当洪水暴涨时，德坪坝即被滔滔江水淹没，而后江水进入斗潭护城河，历经数百年的冲击，曲折如星斗，深处成潭，故名斗潭。

2005 年，为提升城市品位，市政府结合城市水系改造，开始整治斗潭河。拓宽河岸，除去河底污泥，再对整个河床用石灰消毒，然后用鹅卵石铺砌河底，两岸周边均用石块筑成堤岸，跨湖修筑步行石桥，又从东门引进乌溪江活水。曾经“泽国燕啄泥，荒草秋风低”的斗潭湖，成了供市民休闲游览的斗潭公园。2017 年，斗潭公园第二次改造提升，以斗潭湖为核心景观带，重点实施城市书屋、环河智能绿道、河中绿岛、府城地雕改造、亲水平台、生态驳岸等系列项目。

南湖，古称南城濠，在古城南端，东西走向，长约 1200 余米，宽约 20 余米至六七十米不等，有 3 座拱桥横跨南北，是衢州古城濠水系中重要的组成部分。

早在三国鼎立年代的吴嘉禾五年(236),孙权遣征虏将军,以千人守峥嵘镇(今府山)时,发动官兵和当地百姓顺水流向挖掘城濠(即今南湖等)。另据史书载,古人在修筑城垣时,往往同时疏浚南湖。至明代,南湖已基本形成今天的规模。

1990年,市政府着手开发整治南湖,疏浚湖道,引清水入湖。2000年初,南湖水道被彻底疏浚,堤岸、道路、栏杆等设施被修缮,景观布局得以完善,南湖的环境更为优化。

月桥落翠岸,白云波上浮。曾经的城市护城河、重要的天然泄洪道,而今蝶变成为靓丽的城市风光带。经过数年营造,斗潭湖、南湖都已成为景色秀丽、环境宜人的水景公园,湖中水光潋滟,湖畔绿树婆娑、高楼林立。

内城河始掘于南宋乾道元年(1165)。时任郡守何俌引石室堰水于护城河之同时,先在城内开凿渠道,后于通仙门外护城河(今之南湖)中筑一坝,在坝之北端临近城垣处再建一闸,将水引入城之新开渠内形成内河,功能之一是供居民平常日用,二为防火。护城河与内城河间之引渠置于通仙门西侧八丈处,然后其水分为二道:一道折东沿府学北上至东武楼下,一支折东,经府山北麓在宝刹坊沿菱湖北上,西北行至永清楼(原453医院东北隅)处开渠与北护城河相通,一支从东武楼下继续北上经今化龙巷穿越拱辰门之东与北护城河相通;二道即其水折西沿狮桥、经仁德坊、衣锦坊于月坡亭处折北达甘蔗桥,再折东历华丰楼、仙履(莫家桥)东流与乌桥之水合。当时衢城水系相互联通,兼具运输、调节洪水、城防等多种功能。1949 年后，东段护城河纳入机场，内城河相继填为街路，由此南北两段城濠由河成湖（即今之南湖、斗潭湖），南湖之水仍由石室堰水经水闸注入。蝴蝶路一带建筑多，原来的明渠改为地下涵管涵洞。

衢州民间有“绍兴鹅，宁波鸭，衢州乌龟爬石塔”的民谣。俗传峥嵘山下衢州古城是九龟福地，共有九尊石雕神龟，卧守在古城东、南、西、北四隅八座。相传明代万历年间，衢州境内有权势显赫的“四大柱头”——癞痢娘娘、赵宰相、徐天官和毛状元，得罪他们轻则丢官，重则招致飞来横祸。而奉命调任浙江衢州知府的仲大人，知道此事后忧心忡忡寝食难安。于是找同窗好友“地理仙”密谋帮忙，“地理仙”足智多谋神机妙算，且略懂风水八卦，告诉仲大人：“衢州乃九圭之地，圭者，帝王祭祀礼用玉器也。想要‘四大柱头’倒台并非难事，只要雇石匠凿九只石龟，镇住九圭，把守衢城各处要害，另开西安门，就可以如愿以偿了。”仲大人吩咐手下一一照办，九只石龟果然厉害，不久后离奇事情接二连三不断地发生，徐天官人头落地、癞痢娘娘被废、赵宰相告老、毛状元削职，“四大柱头”一一倒台，此后衢城风清气正百姓安居乐业，从此有了“九龟福地”的美誉。

有学者认为，“九龟”实际上是讲“九圭”，是指城中水利设置的九个关键部位，是筑城时用以引水的九个风水地块。《老子》云：“上善若水，水善利万物而不争。”衢州城南有乌溪江，西有衢江，且河塘、湖泊密布，而水利资源因势利导，让水中有城、城中有水。

衢州古城内河体系曾十分完善，颇有小桥流

水人家之气象。清代邑人叶如圭言“贯十桥而回环，周九里而曲绕。藉以近供爨汲，远洒街尘”，为当时真实写照。古时候，城市管理的第一要务是兴水利和除水患。在衢州城之西、北，衢江（瀔水）绕城而过，东为乌溪江，水利条件甚好。再经过历代府衙、县衙的努力，在衢州城内也创造了良好的水利条件。

衢州古城墙防洪排水遗址：古风今貌

说到衢州城，必有水亭门。民间有“不识水亭门，枉为衢州人”之谓。从古至今，水亭门都是衢城最繁华的区块之一，水亭街的繁华和衢江的水运兴衰紧密相连。

水亭门在衢州古城之西，临衢江，也称西门、航远门、朝京门，是古城保留下来的最完整的一座城门。水亭门上设有楼阁，古称“碧春楼”。水亭门外即水运码头，为衢江航道上最重要的码头。旧时铁路、公路兴盛前，水运为最重要的运输方式。自唐宋至明清，衢江航道上千帆林立，大小船筏穿行如织，货船、客船、渡船、花船、木排等沿江排列，熙熙攘攘。码头为由水路进衢城的必经之处，来自安徽、福建及衢州周边地区的货物集散于此，本地的竹木、柴炭、石灰、土纸等物资，也多从这里发往外地。民国《重建水亭门城楼碑记》载：“肩摩毂击，不绝于道，为衢郡六门之冠。”

水亭门外古码头水坪上建有一亭，名“卷雪亭”，取苏东坡“卷起千堆雪”之意。老衢州有一句话——“水亭街、街停水，水亭街上涨大水”，体现了这一带常被水漫的事实。民间传说，站在城门楼上往西远看，城门楼、卷雪亭和江水“门、亭、水”三点一线，倒过来读就是“水亭门”。“水亭门”谐音“水停门”，也可以解释为水只能停在城门外，绝对不能让水进城的意思。另据《衢州地名志》记载：“因古城外码头水坪上建有卷雪亭，衢江水从亭下流过，故俗称其为水亭门。”

现水亭门外还立有一根石柱，高约 2.83 米，上覆雕角攒天顶，顶部饰葫芦宝瓶。

巍巍水亭门，见证了古城的历史沧桑，也见证了今天的继往开来。古老的城楼和现代的城市相辉映，现今之水亭门是衢州人非常喜欢去的一个地方。

在漫长的历史年代中，衢州古城城邑经过历代名师营造的古城建筑，从选址定向到总体规划设计，乃至建筑的每个细节，都与周围的自然环境浑然一体，建筑与自然、人与建筑之间处在一种高度和谐的状态。如今，从衢江彼岸遥望衢州古城，一塔一阁遥相呼应，是一组和谐的城市景观。高达 38 米的梁代古塔天王塔位于南端，建于清康熙四十一年（1702）的文昌阁位在北端，宛如一座硕大的笔架横卧古城，与相映其中的水亭门城楼和小西门城楼及古城墙，融合成一幅具有江南诗韵的水墨画。而今，水亭门历史文化街区是衢州市传统风貌建筑最集中、历史文化遗存最丰富的街区，街区内共有全国、省、市重点文保单位 14 处，历史建筑 36 处，建筑风格和街巷肌理保留完好，街区内散布着庙宇、宗祠、会馆、城楼、古迹及成片的传统民居。

紧临古城墙遗址，是按照国家 5A 级景区的标准规划打造建设的古城墙遗址公园。遗址公园 2015 年规划、2017 年建成开放，范围为东至上下营街、天后街，南至南湖西路，西至衢江，北至西安门，建设内容主要包括水亭门西侧古城墙遗址公园、衢江中路下穿隧道、江滨公园景观提升、停车场配套、景观亮化、综合管线改造、交通设施、水亭门亲水平台建设等。古城墙遗址公园以信安湖、西安门、水亭门、小西门和洪山坝城台共同组成滨水休闲带和城墙遗址体验带，形成三门、两带、一城台的规划结构，现已成为衢州古城最具亮点的核心景区。

近年来，衢州借助通江达海的地理优势和南孔影响的文化输出优势，成为全国首个“中国文化旅游融合创新实验区”。2018 年 11 月，衢州市公布《衢州市区古城双修十大工程实施方案》，在住建部要求加强生态修复城市修补（即“城市双修”）工作的基础上，正式开展“古城双修”。古城双修，是基于南孔古城旅游区 5A 级创建目标基础上的城市历史彰显、经纬织补、功能提升和生态美化。具体而言，“双修”又指内外兼修、内外双修。“内修”就是要重振古城活力、重铸古城文化、重释古城生活，“外修”就是要重整古城生态、重织古城交通、重构古城设施，最终达到留形、留人、留灵魂，见人、见物、见生活的目标。“古城双修”其中十大工程之一的环古城水系生态景观改造提升工程尤为让人期待。

环古城水系生态景观改造提升工程计划把南湖水系向东延伸拓展至府东街，新建两座微拱桥；斗潭湖北侧公园拓宽、生态景观改造提升，河道疏浚，新建信安湖引水泵站。在建设过程中，廊桥建设实现不与民争路，水路建设则把南湖和信安湖连接起来，为全线地面贯通护城河提供了可能。另外，儒学文化区旅游配套工程还计划在府山公园的西侧与南侧，建设旅游配套酒店、旅游服务设施,对绿化、水系等生态景观进行改造提升；复建城隍庙、鼓楼；打造环山绕水高品质商业休闲消费空间。在改造提升南湖公园文化景观的同时，还计划把南湖向东延伸，建设滨水商业街。

在绿水青山就是金山银山理念的驱使下，以水置业、用水塑景、靠水兴城，成为城镇建设和发展重要举措。2011 年始，衢州以乌引工程、塔底水利枢纽工程等为依托，完成堤防改造、绿化景观提升，将衢江一段打造成美轮美奂的人工湖泊，并建成“春季樱花浪漫，秋季黄金水岸”的城市滨水长廊，为人们提供了集水文化、古城文化、三江口景观、生态文化为一体的旅游度假场所，该人工湖被称为“信安湖”，湖面 5.5 平方千米。

不久的将来，游客不但可以品茶赏风景，还能坐船游古城，“水润衢城”的理想真正照进现实。

龙游古城墙防洪排水遗址

千年古国的守卫者

舣舟龙游作

縠波亭下一维舟，小对秋风梳白头。
欲赋新诗欠时体，江河万古叹风流。

〔宋〕赵 蕃

龙游县灵山江

古县城防洪坝墙

坝墙通水守民安，沧桑变数一墙知。2003 年，因城市挖排污渠，已被时间湮没的龙游明代古县城防洪坝墙无意中再现人们眼前。2017 年夏，用鹅卵石铺成的古马路、条石与块石垒砌而成的城墙墙体也在考古调查勘探中重见天日。

该遗址位于龙游县龙洲街道小南门灵江畔，南北走向。现已揭露出“归仁门”段城墙防洪坝墙约 100 米左右，其结构自东向西依次为防洪坝墙、马路、城墙。

防洪坝墙已清理出 3 米多高，用规整的长条石块纵横叠磉，逐层向外收，略呈斜坡形。现已揭露出 7 层，但仍未见其底部基础。7 层以上用青砖叠砌成 1 米左右的实心墙体，类似于防浪墙。防浪墙的底部与城墙脚下的马路齐平。宽阔的鹅卵石铺就的“马路”，宽达 6.5 米。再往里即城墙遗址。1949 年后城墙拆除，上浇筑为马路。经考古后，已由县水利局城防工程出资以玻璃地幕保护。

近年在城墙以内新修工程、重新开展考古挖掘，在归仁门城墙附近新发现有涵洞通至灵山江，涵洞结构为条石堆砌而成的拱券顶，高约 1 米，宽约 1.3 米，长度残存约 1.5 米。水渠涵洞北侧城墙遗址内侧，勘探发现一陶制排水管道，直径约 35 厘米，长 3.6 米。至此，除考古发现城墙遗址、防洪坝墙外，又发现沿城墙内侧排水沟和陶制排水管，以及穿过城墙和防洪堤、通向衢江的排水涵洞，遗址完整揭示了龙游明代城池的排水防洪工程体系。受地理、气候条件影响，龙游的雨季高度集中，极易形成洪涝灾害。在城外修筑防洪坝墙，在沿城墙内侧设排水沟和陶制排水管，并有通向衢江的排水涵洞，临江防洪排水功能突出。

龙游古城墙始建于明隆庆二年（1568），次年夏天完工，延袤六里（据现测为 2.5 千米）。据志书记载，彼时的龙游城墙“高一丈六尺，基广一丈三尺，面九尺”（明代一丈 =10 尺，营造尺 1 尺 =31.1 厘米）。城墙上开设四门，东为永安门，南为归仁门，西为太平门，北为向义门。每个城门间还有一便门，即小东门、小南门、小西门、小北门。共有八个城门，无瓮城。

龙游介于金华、衢州、严州（今桐庐县、淳安县和建德市一带）、徽州之冲，又是龙游商帮的发源地，地理位置的重要性不言而喻。明朝中后期，龙游商帮处于发展的鼎盛时期，来自全国各地的珠宝首饰、行当典籍涌入龙游，引四方盗贼垂涎。当时的龙游，虽存有 4 个城门，却没有城墙，“姑蔑城久废，惟存四门，因以设关，时其启闭”。社会动荡，盗匪横行，隆庆年间，有官员提出一个一劳永逸的办法——修城墙。

修建城墙需要大量的财力，于政府来说也是一笔不小的开销。修城墙的钱又该从何而来？

这就要提到在其中发挥重大作用的龙游商帮。作为中国十大商帮中唯一一个以县城命名的商帮，龙游商帮发轫于南宋时期，成形于明朝初期，到了明朝中期已处于巅峰时期。根据《衢州府志》记载，“龙游之民多向天涯海角，远行商贾”。作为浙商中的一支劲旅，龙游商帮享有“遍地龙游”之美誉。

有了商帮的支持，修建城墙的筹备工作紧锣密鼓地进行。府县官员们上报朝廷获得批准后，“免征三年军饷，得金八千余两”，又征用民间米粮，还卖了些官田，再加上龙游商帮倾囊支持，可谓是倾全城之力，最终凑足了建城墙的费用。隆庆二年（1568），浩浩荡荡的建墙工程开始了。县府征集了近乎全县的劳动力来修建城墙。

次年夏天城墙完工。据志书记载，“彼时的龙游城墙用青砖错缝平砌，豆浆石灰勾缝，设计独特巧妙，建造工艺精湛，规模恢弘雄伟”。

明末，龙游因变乱关闭了 4 个小门。直到清康熙十一年（1672），知县许琯以居民出入城市不便为由，重新开放小门，并对四扇大门进行了修整。而后，太平天国运动爆发。龙游身处太平军和清军的多次拉锯战间，城墙在悄然流淌的岁月中倾圮。同治十三年（1874），龙游城墙重修，后来各门城楼又发生倾倒。19 世纪末，龙游城墙经历了最后一次维修。20 世纪 50 年代，龙游部分城墙被淹没于洪水中。后来，地面不断抬高，曾经戍守城市的墙垣深掩于地下，几乎被世人遗忘。

而东、西、北面，无论是城墙还是城门，都渐渐难觅踪迹。直到大南门、归仁门先后进行考古调查勘探，被埋于地下的古城墙才渐渐露出了历史的痕迹。

老城墙是一座城市的历史文化载体。如今，龙游大南门老城墙遗址已被列入省级文保单位，归仁门遗址、鹅卵石路面等也将被纳入城墙遗址保护范围。

德坪坝

消失在历史长河中的古城『铁将军』

德坪坝，初名酒坛坝，亦名马公堤。德坪坝的名字，衢州人都不陌生。早年，因德坪坝地势低，每逢涨大水，衢江的水就会从此处涌进衢城。德坪坝因水患而修建，因水患而闻名。

德坪坝位于衢州古城西北角文昌阁西侧，西北起衢江中路，南至新河沿西段，长 372.6 米，宽 6.2

德平坝旧址所在地

德坪坝防洪墙浮雕群

米（一说南北延伸约 170 米），为分隔衢江和北濠水系之长堤。此位置恰是衢江与石梁溪汇合处，且地势低洼，是洪水最容易进入衢州府城的地方，德坪坝因此关系到衢州城的安危。《营幕日抄》云："斗坛西五十步有坛坝。康熙五十五年，北门关王庙僧智明，募资创筑土堤。五十八年，协镇马璘暨守戎张善敬，加石筑堤。六十一年，马公复取酒坛，贮沙土，絫至堤巅。民感其德，因名之马公堤。"古人的这段描述，比较清晰地记载了德坪坝最初的修筑始于一位僧人。康熙五十五年（1716），衢江水肆虐，城内百姓遭淹。当时北门关帝庙内有一僧人名智明，日夕化缘，筑成土堤。但土堤未能抵挡住洪水，衢州太守书写布告，招工筑堤，屡修屡毁。康熙五十八年（1719），左都督马璘主持修筑石堤。衢城士民为纪念马璘筑坝之功德，亦称此坝为德坪坝。

德坪坝防洪墙浮雕

关于德坪坝的名称由来，还有另一种说法，即此坝的高低关系到衢江两岸哪一方更安全，坝高则衢州府城安全，然洪水却冲到衢江西岸，造成对岸龚家埠头村田毁人亡，坝低则城区受灾。因此在确定坝堤高度时，应以德为先，平衡双方利益，故名德坪（平）坝。

“德坪（平）”二字既是东岸与西岸的契约，也蕴含着礼让的精神。

德坪坝在清代屡经修缮，光绪十四年（1888）经历一次大修。方志中记载的最后一次修筑是在1916年。该年5月，大水冲走房舍牲畜无数，堤坝桥梁十之有九被冲塌。衢县知事蕲春桂自省，“自维守士在原德平坝一带的江滨大道吏而使氓庶流离，渠防不修，甚非所以保吾民”。于是决计修筑德坪坝，并选商会协理项槐负责工事，耗时六月而成。此次修坝还得到了上海红十字会的捐助。

近代以来，德坪坝上还发生过一些政治事件。1919年，北京“五四”反帝爱国运动爆发。8月，衢城工人联合各界人士2000多人，集队游行示威，抗议北洋军阀，并与学生一起，到商店、码头、船舶上检查日货。检查队与广大群众将没收的日货搬至德坪坝上焚毁。整个事件，在当时影响深远。还有历代许多人犯处决也发生在坝堤上。1997年，德坪坝改建为可防御50年一遇洪水的标准防洪堤。

德坪坝外有德坪埠，亦称黄泥坳底，位于衢江东岸、衢城西安门外。原为渡船埠头，与亭川埠隔江相对。德坪埠是客运码头，又称快船码头。客运船上行至开化、江山、常山，下驶至龙游、兰溪、杭州等地，客人均由此上下船。1930年前后，衢州的快船公司盛时有十多家，最大的永安公司、振兴公司的快船有16舱，可坐百人。

德坪坝连着斗潭湖，德坪坝内侧斗潭湖畔紧临文昌阁。旧时每当洪水暴涨，滚滚江水淹过德坪坝而进入护城河，历经冲击，其形如斗，深处成潭，故名斗潭。现今的斗潭湖，在新修筑的德坪坝护卫下，水淹已成历史。依湖而建的斗潭湖公园，绿树成荫、曲径通幽，是市民闲时休憩、散步的好去处。春时杨柳万千，夏日荷花绰约，秋来桂香盈鼻，冬时暖阳斜照，让人流连忘返。

文昌阁始建于清康熙四十一年（1702），最初用于供奉文昌帝君，是古代激励读书人的文化场所。20世纪50年代，文昌阁被拆除。2013年，启动文昌阁复建工程。复建的文昌阁，沿袭了明清时期徽派建筑风格，阁中陈列展示了衢州历代科举名人和近代文化乡贤。文昌阁是衢州文脉兴盛的标志，更是古城衢州深厚文化底蕴的见证。

南湖

护城河里的古城文脉

南湖为衢州古城南濠，在古城南翼形成拱卫之势。

这是一条人工开凿的河道，为宋代引石室堰水入城开挖的引水渠，是衢州古城防御体系的一个重要组成部分。《康熙衢州府志》载，石室引水至城南汇聚成濠，过魁星闸后便入南濠（即今之

航拍南湖

南湖风景

南湖），再分两股从城墙的水门入城形成内城河，内城河分为西河、东河，汇合后出城往北濠（今之斗潭湖）。当时衢城水系路路相通，兼具运输、调节洪水、城防等多种功能。

衢州是兵家必争之地，战事频繁，因城西城北有衢江围绕，不利军队展开，故衢城历史上的攻守之战多在东门和南门，尤以城南为多。南护城河水宽墙高，阻挡了多少烽烟入城，众多骁勇之将像石达开、李玉成亦纷纷折戟南濠。

现存南湖东西走向，长约 1.2 千米，南北最宽处有 70 米，分东、中、西三段，现代主要承接了城区雨水调蓄、泄洪干道、生态景观的作用，是衢州老城区城内重要水域景观。南湖西路段建为南湖公园，湖中种荷花，滨湖植被绿化完善，并建有观景亭台。中段和西段也沿岸修建步行道，可供当地居民或外地游客游览观赏。旧城改造时，

南湖东段

曾计划填平南湖用以建设，后经历史文化界强烈呼吁，多方奔走，最终使此片水域得以保存。

民国初年，衢州城往南向出城需从大南门（礼贤门、光远门）、小南门（通仙门）过护城河，今之南湖桥所在的正南面，仍为一段城墙，当时并没有城门，更无路、桥。1933年，从衢州城南经过的衢兰公路和杭江铁路（后称浙赣铁路）相继通车，火车站、汽车站都设在南城外，经大南门或小南门到车站皆需绕路。为方便交通，便在正南面城墙豁开了个口子，称为“新城门”，新城门外南濠上，架起了一座石墩木面的两孔桥，这是最早的“南湖桥”。

衢州是一座“文武双全”的千年古城。衢州人以南孔为荣，在儒学熏陶下民风淳厚，“礼”字印刻在衢州人心底，也刻印在古城的地名上。南湖上的两个城门之一的大南门，古称礼贤门，门外有街名曰礼贤街，即以“礼”赋名。一种说法是衢州建城官员尉迟敬德，曾在此门外迎接恩师；又一说江山县曾经称作礼贤县，此门通礼贤故得名。衢州市于 2018 年 7 月正式对外发布“南孔圣地·衢州有礼”城市品牌，是立足衢州南孔文化对衢州自古以来“礼”文化的发扬光大。

大南门保留了目前所剩唯一的瓮城。大南门沿南湖向东不远处有小南门，即通仙门。通仙门上原有魁星阁，为衢州八阁之一。据传住在仙霞岭、烂柯山的神仙在此出入频繁，故名“通仙门”。烂柯山为名声在外的衢州仙山。梁代任昉《述异记》载：“信安郡石室山。晋时王质伐木至，见童子数人棋而歌，质因听之。童子以一物与质，如枣核，质含之不觉饥，俄顷童子谓曰：‘何不去？’质起视，斧柯烂尽。既归，无复时人。”说的是晋时有一叫王质的樵夫到石室山砍柴，见几个童子在下围棋，便坐于一旁观看。一局未终，王质发现砍柴的斧头柄已腐烂，便赶紧下山回家，谁知村里已经面目全非，原先的父老乡亲早已不在人世。一打听，已历时数百年，始知山中所遇童子为仙人。后人便把石室山称为烂柯山，“烂柯”也成为围棋的别称。唐时孟郊曾作《烂柯石》一诗云：“仙界一日内，人间千载穷。双棋未遍局，万物皆为空。樵客返归路，斧柯烂从风。唯余石桥在，犹自凌丹虹。”所言即为王质遇仙之事。

1949 年后，衢州城内城河陆续填为街路，由此南北两段城濠由河成湖，之后始有南湖、斗潭湖之称谓。20 世纪 50 年代后，南湖被分割成数块鱼塘养鱼，活水变成死水，加上附近单位和居民填河造房、向湖中抛垃圾、排泄污水等，一时南湖黑泥淤积，面积不断缩小。20 世纪 80 年代后，政府开始投入力量清疏湖泥，但治理效果仍不理想。

2000 年之后，南湖周围的工厂和居民逐步搬迁，加之疏浚彻底，南湖始有今日之清澈。湖滨公园内有座六如亭，上书对联：鸟衔春来枝上弄，鱼推月向水边吞。这副对联，真实反映了市民们对疏浚改造之后的南湖公园之喜爱。

附《康熙衢州府志》所载府城“城河”篇，反映历史水系走向：

濠水入魁星闸（注：过魁星闸后水域，即为今日南湖），过朝真桥而北，由西桥出浮石闸，入外濠，溉民田。又自长桥头西入乌桥，至石狮桥南转，沿尼姑桥汇为大池，北流至白莲池。今填为灵顺别庙，其存无几。又自芙蓉台下东流，出彭家桥，稍南而东过宝坊寺，又北入于菱塘，出普圆寺东门。乾道初，守何偁尝浚内、外濠，自为记。岁久，亦湮塞。其通仙门外魁星闸，旧名清辉，俗名前湖。开禧乙丑，毛自知进士第一，故郡守孙昭先易名魁星。后为有力者据为水碓，内河因而淤积，城中多火灾。

明弘治己未，郡守姑苏沈公杰以水能制火，因大加疏浚，复置闸立表。又于拱辰门内置闸一所，旱则蓄水，涨则泄之，水道流通，颇利舟楫，而故道犹未尽复。嘉靖十八年，郡守丰城李公遂以河水通塞系气运盛衰，浚复沿尼姑桥一带。节推巴蜀李公文进董其事。未竣，二公相继升迁。至三十九年，郡守宜兴杨公准莅政甫期，百废修举，爰考旧志，毅然开复城内古小河，以息火灾。时虽相度便宜，恐伤居民，然动合数百年，河水故道辄有旧闸、古木，并河沿砌石。人曰：公聪明天授也。士民乐之，咸曰杨公河云。

国朝，河道久湮。康熙三十七年，邑令湘潭陈公鹏年开浚内河，因濠平水浅，不能入城，于通仙门外供桥下筑建石闸，相水之深浅，以时蓄泄，内河始得通筏。然不数年又淤。至四十六年，知府杨公廷望重复大浚内河，深至五六尺一丈不等。又立栅水门，佥人看守，昼启夜闭。于是，周公源水由堰沟入城，四时不竭，竹木排筏直底城西北隅，民甚便之。第河堋屡有坍陷，浅塞河身，宜及时疏掘修砌，庶可以规长利。不然，恐成功又弃也。

古城『四塘』
《聊斋志异》里走出来的水脉印记

县学塘

“一卷聊斋名天下，三怪传奇出衢州”，县学塘北侧白练亭上所撰这副对联，道出了衢州与《聊斋志异》的一段交集。

清代著名文学家蒲松龄所著《聊斋志异》第十一卷，有一篇叫《衢州三怪》的小说，称衢州有

县学塘

县学塘

“三怪”，夜静时人莫敢独行：钟楼上有鬼，头上一角，相貌狞恶，闻人行声即下，人骇而奔，鬼亦遂去，然见之即病，且多死者；又城中一塘，夜出白布一匹，如匹练横地，过者拾之，即卷入水；又有鸭鬼，夜既静，塘边并寂无一物，若闻鸭声，人即病。

书中所述一塘，为县学塘，县学塘遂因“白布鬼（白布怪）”而闻名。据称，后来“白布鬼”被城池守护之神城隍收服，县学塘从此恢复平静。

开国领袖毛泽东与“衢州三怪”亦有一段轶事。1959 年 10 月，庐山会议之后，毛泽东同志乘专车从浙赣铁路返京，列车经过衢州时，曾问随行人员可否知道“衢州三怪”，回答是未曾听说；专车在金华停靠时，毛泽东同志召见金华地区领导干部（1955 年 3 月初撤销衢州专区，原衢州所辖衢、龙、常、江等县改属金华地区专员公署），要求大家多学习一点文史知识，又提及“衢州三怪”，并指出这是出自《聊斋志异》的故事。可惜当时在座的面面相觑，无人能够对答。这则真实的故事意味深长，说明了开国领袖对地方传统文化的熟悉和重视。他还笑着对在座的同志说：“在一个地方工作，就要了解一个地方的传统习俗和风土人情，到什么山，唱什么歌嘛。”

县学塘位于古城的中部、柯城区府山街道县学街社区县学街中段南侧，现占地 1324 平方米，周长 175 米。这个池塘为何名为“县学塘”？据《康熙西安县志》卷九所录：“县学外泮池，税二十亩，池中有井数处，冬夏不涸，旧时砌石为栏，傍岸载桃柳，为邑中胜景。近颇淤塞，宜加疏浚。”可见，县学塘为原县学门前之泮池。根据此条记述，历史上的县学塘比今天的要大得多，而且当时就已经出现淤塞现象。另据考证，清代县学在宋代为西安县文庙，为学生读书处，据此推断，县学塘在宋代即有。

该塘西北角立有一长方形标志碑，上刻“县学塘”三个大字，右侧刻“白布鬼”衢州三怪之一，左侧刻“癸亥年仲春立”落款。塘南侧现建有三开间歇山顶小轩，北侧建有六角攒尖顶白练亭，塘北面、西面边沿设置石质栏杆，西南角建有一座小桥。

县学塘水面逐年缩小，几近被填平建房。1979 年 10 月，县学塘整修，清除塘内淤泥 500 立方米。2001 年，衢州市在旧城改造时又对其进行了清理疏浚，改建为城区市民公园，池中植荷花，周有石栏，岸铺草坪，杂以桂树、红枫、黑松、香樟等，并建仿古轩“白练亭”，成为城市水景观。

县学塘周边立有塘长牌、县学塘标志牌，并建成县学塘党建主题文化公园，保存和使用现状较好。

蛟池塘

蛟池塘

蛟池塘亦因“衢州三怪”而闻名。

衢州城民间曾有一段神话传说：远古塘中一蛟常浮出水面伤害人命，百姓深恶痛绝，柴童子闻之，孤身潜入铲除恶蛟。清蒲松龄《聊斋志异》载：“又有鸭鬼，夜既静，塘边并寂无一物，若闻鸭声，人即病。”所指就是蛟池塘。相传鸭鬼（鸭怪）是王母娘娘瑶池中的一只老鸭精，趁着瑶池无人看管之时偷偷逃至衢州的蛟池塘中。据称，后来“鸭鬼”亦被城隍收服。

蛟池塘位于蛟池街社区蛟池街西头，古名茭池塘。据《民国衢县志》载：“茭池塘，明统志茭池在府城，中产茭，姚志疑别一池，非是。今在夫人庙前，俗误蛟池塘。”

蛟池塘曾经面积广大，包括今日南湖菜场后方的建乙塘周围，直至城南的城墙根下。可以想

建乙塘

见当时的水草丰美、烟波浩渺、鸭鹅成群，难怪蛟池塘里不仅出了“鸭鬼”，还孕育出了“王志斩蛟”的传奇。

由于衢州城的历次扩建，原先荒凉的蛟池塘渐渐成了市中心，水塘也缩小到篮球场般大小。而与蛟池塘紧临的蛟池街人气旺盛，对于年轻人来说，这条老街就是衢州的一条时尚街、买手街，一家家装修精致的各系风格店面，嵌在一座座老式居民楼中。据衢州地名志记载，目前蛟池塘周边还是衢州大姓龚氏的聚居地。

蛟池塘 1981 年 5 月曾整修，2003 年再次整修。现蛟池塘长 18 米，宽 8.106 米，深约 5 米，成长方形。占地面积 145.91 平方米，塘四周青砖构筑，塘边施水泥栏杆。

建乙塘

《民国衢县志》载：“建乙塘，一作建月塘，在鲁儒坊北。”

现建乙塘位于衢州老城区建乙巷与九曲巷交界处。古代建乙塘是蛟池塘的一部分，后蛟池塘中段被填土造房，一分为二出现了一个新塘，故名“建乙塘”。古时候建乙塘里，水最清的时候，月亮最圆、最大、最亮，故又名见月塘。现代人也许嫌“见月塘”的名字太空灵，塘里的月亮再大也是虚的，久而久之，“见月塘”的名字就消失了。另有一说，早些年建乙塘水面比较宽阔，每天日出之时，太阳倒映于水面，所以就叫“见日塘”。“见日”与“建乙”方言谐音，因而又有了今天的叫法。

从前，在建乙塘边有许多木屋，还有一座木屋就建在靠近塘边的水塘中，像个吊脚楼，常年有人居住。

建乙塘 1983 年 6 月曾整修，清除污泥 623 立方米，整修塘坳 91 米，池塘面积 648 平方米。2003 年再次整修，池塘面积减至 528 平方米，水源由南湖引入。

费家塘

一方塘水，悠悠今古。

费家塘是衢州市区现存的五大名塘之一，距今已有 200 多年历史。费家塘位于衢州老城区上街西侧，原为清代大学士费淳宅院里的荷塘。

费家塘边有费家巷，据《衢州水文化》(李吉安著，商务印书馆出版)考证，因清朝嘉庆年间的体仁阁大学士费淳之寓所位于此巷而得名。巷中至今还保留着成片的清代民居。

费家巷 12 号是费淳的故居，隐匿于繁华闹市

费家塘

内。费淳祖籍杭州，随祖父三衢教授费士桂到衢州而定居，是自清以来官位最高的衢州人，先后担任过太原知府、江苏巡抚。据清史载："淳历官廉谨，为帝所重。"当年，费淳任太原知府时，得知民间水利诉讼多年未决，便命令部下按旧河道开渠，民田皆灌溉受益，因此，当地人特地建了座"费公桥"来纪念他。费淳因治理河道有功，于嘉庆十一年（1806）升迁为大学士。大学士在明清两代位极人臣，相当于宰相，所以，周围百姓都称这里为"宰相府"。现在的费家巷2号至18号原来都属相府（残存的相府，只保留下12号一幢房子），费家塘是宰相府花园的一部分。

费家塘地势低洼，排水不畅，雨季池水常溢向巷道，行人往往叫苦不迭。1989年8月动工整治，清除污泥600余立方米，修筑塘坳70米，池塘面积扩至400平方米，并在塘边建起护栏，同时升高巷路，溢水消除。

附大学士费淳生平简介：

费淳，祖籍钱塘（今浙江杭州），随祖父三衢教授费士桂到衢州。就读于三衢学舍，定居西安县城（今柯城区）。清乾隆二十八年（1763）进士。任刑部主事，升郎中、军机章京、常州知府等职。任太原知府时，知民间因争水利诉讼多年未决，命按旧河道开渠，民田灌溉受益。民建桥其上名“费公桥”。任江苏巡抚时，严禁大米出口。兼署江督、河督时，赈济灾民，蠲除欠赋，疏浚刘河9512丈。

嘉庆三年（1798），淮徐水患，费淳请准以所征漕米散赈，公私两便。次年升两江总督，漕政积弊久，疏请整饬，条举加惠疲丁、严禁浮收、痛惩绅棍、停止巡漕四事，奉旨议行。与河督吴璥区划河务。复制混江龙、铁篦船，兴修高家堰，抢护贾家楼大堤。工竣，加太子太保。嘉庆八年（1803），升兵部尚书。黄河水溢，漕运受阻，奉命赴山东查勘，疏请培堤筑坝，浚汶水入黄河。于兖（今属山东）、沂（今属山东）、泰（今属江苏）、济（今属山东）各府浚484处名泉，挖袁口闸运河漫口对岸滩面，从此漕运无阻。嘉庆十一年（1806），以吏部尚书协办大学士，后又授体仁阁大学士。年七十，赏还大学士。谥文恪。

欧塘坝

曾经府衙地 扼洪筑基石

欧塘坝坐落于衢江区高家镇欧塘村。欧塘村位于高家镇中东部，北面与衢江相邻，南面有衢龙公路穿过。临江一侧筑有 5 千米长坝，即为欧塘坝。

欧塘坝明代起就有记载。据《浙江水利志》，清光绪十八年（1892）欧塘坝被洪水冲毁后，一直

衢江区欧塘坝

无力整修，当地屡遭洪灾。1949 年后，筹集资金多次修复加固。1956年至1957年5月，新建坝高2—2.5 米、顶宽 2—3 米、底宽 6 米、长 5000 米的防洪坝，完成土方 3 万立方米，投工 3.6 万工。1963 年12月至1965年3月，险要地段又新建丁坝16条。1967 年 7 月，又全面加固防洪坝，保护安仁乡及龙游县詹家、马叶、夏金乡 40 多个村庄和 3 万多亩农田以及铁路、公路。该坝是保护衢、龙两县部分村庄农田和浙赣铁路、衢龙公路的骨干防洪工程。

欧塘坝地属古盈川县。武则天如意元年(692)，析龙丘县新置盈川县。初唐四杰之一杨炯，在公元692 年秋，从都城洛阳来盈川当首任县令。杨炯与盈川人民有过一段感人至深的生死缘，留下了一段绵延千年的不了情。相传，杨炯在任时，盈川大旱，一连数月滴雨不下，稻田开裂，民不聊生。杨炯心忧如焚，焚香祈祷，设坛祀雨，欲救众生于苦难。然而骄阳依然如火，杨炯遂投井殉职。次日，狂风大作，暴雨倾盆而注，良田稻禾复苏。史料记载，“以岁旱祈雨不得，遂赴井死”“是日大雨，民称其德”。武则天得知后，题写：其死可悯，其志可嘉。清代诗人陈圣泽题诗：“一代盛名传四杰，三衢遗爱独千年。”清河南孟津县令祝其曾游盈川城隍庙后留诗：“生前为令死为神，废县常留庙貌新。地界衢龙争报赛，千秋遗爱在斯民。”盈川百姓为纪念这位爱民如子的县令功德，于公元 696 年在他捐躯的地方建起了杨炯祠，塑像奉祀。直到现在，由杨公祠改建的城隍庙依旧香火不断。

盈川置县 120 年，县治地在今衢州市衢江区东部的高家、云溪、莲花等乡镇及龙游县西乡的部分地区。唐元和七年(812)，废盈川入信安。

常山古县城防洪工程

愿丰之志犹在 镇守城池安澜

浣溪沙·常山道中即事

北陇田高踏水频，西溪禾早已尝新。隔墙沽酒煮纤鳞。　忽有微凉何处雨，更无留影霎时云。卖瓜声过竹边村。

〔宋〕辛弃疾

常山古县城防洪原址全景

常山县城市防洪工程（局部）

“列缺耀中宵，屏翳倾巨壑。洪波溢金川，奔溜绕东郭。日出霁烟浮，绕山苍霭薄。惜哉春江水，清流忽焉浊。渔网集城限，鸡声远篱落。此地多龟龙，旱魃庶无虐。”这首诗出自清康熙年间，来自浙江平湖的诗人陆棻经过常山恰遇发洪水，遂登上城楼观看洪水时所赋诗——《登常山城楼观涨》。

常山港位于钱塘江上游，在常山县境内流域总长 46.6 千米，起点位于何家乡文图，终点在招贤官庄。在常山建县 1800 多年的悠久历史长河中，有着深厚的人文底蕴和自身独特的文化魅力。千百年来，常山港的水，以母亲的博大情怀默默地滋养着四方乡邻……

然而，古城常山一直以来无防洪屏障，水患灾害频发。

常山古县城平面

明万历二十四年（1596），新任知县唐之屏带头捐出俸禄，在官坝下游常山港右岸兴建愿丰堤。邑人积极响应，有钱的出钱，有力的出力，甚至连过路的盐商得知此事后也义务出力帮忙。在没有向老百姓派一个劳役的情况下，仅用了 150 天时间就完成这项规模宏大的水利工程。明代著名的学者胡应麟写的《唐令君新建信阳愿丰堤碑》（《少室山房集》卷九十四）记录下了这个过程："今上改元甲午，云间唐侯以进士绾符来邑。甫下车，揖诸父老，问一切政所宜先，合词称筑堤为第一义。侯周行境上，喟然曰：'是诚不可旦夕缓，顾大兴，匪可倚办顷刻间。'越明年，惠政四孚，颂声沸起。邑茂才徐仕升辈复请之，侯曰：'嘻！微诸士，余岂其一饭忘爰。'自当路、发赎锾、鸠众工、相物宜。时农隙，侯躬率僚属，即勒指麾，靡遗余力。始秋中迄冬末，为旬仅十有五，而版筑告成。衡为丈若干有奇，广为武若干有奇，高为尺若干有奇。凡旧堤之材，朽者易而良、弊者撤而新、颓者封而固、隙者缮而完、庳者增而隆、隘者辟而旷；又环视港之壅者决之、激者排之、溢者疏之、胶者浚之、沙者瀹之、碕者夷之。飞流如虹，襟带城下；萦洄顾盼，亦拱亦留；百年之利，暴兴一旦。士胥庆于庠、民讴歌于野，旅相率加额于途。侯镵石于堤而命之曰'愿丰'。逝将以地利人和而必天佑。"愿丰堤的建成，有效缓解了常山县城的防洪压力。

此后的四百年间，常山县城再无大规模的防洪工程建设，愿丰堤也顺着时间的流逝，损毁殆尽，洪水又不断侵袭着这座古老的县城。中华人民共和国成立以来曾多次受特大洪水侵袭，人民群众财产遭受重大损失。

为加快城市建设发展，提高城市防洪能力，1998 年 12 月 1 日，县委、县政府作出《关于建设常山城市防洪工程的决定》。该工程包括建设常山港外港堤、常山港滨江堤、南门溪左岸堤和南门溪右岸堤等段堤防以及排涝泵站 3 座，堤防总长 14 千米，保护人口 8 万人。堤防按近期 20 年一遇防洪标准，远期结合流域规划项目的实施，在规划防洪水库工程建成等条件下，堤防达到 50 年一遇防洪标准。

县政府在财政较困难的情况下，举全县之力，为工程建设筹集资金，号召各机关事业单位及企业工作人员连续三年每年捐出半个月至 1 个月工资作为城防工程建设资金。

常山县城市防洪工程是浙江省内最早开工建设的县级城市防洪工程之一。该工程于 1998 年开工建设，至 2002 年 12 月完成了主城区段防洪堤建设。

2018 年开始实施的常山港治理二期工程，对常山城区堤防进行了生态提升改造。改造中结合“衢州有礼”诗画风光带建设，通过在滨江堤沿线重要节点植入“宋诗文化”，在青砖、黄岗岩上以浮雕形式雕刻呈现常山特色历史人文诗歌，让群众看得见、摸得着、感受得到，以此增强历史文化自豪感，唤醒常山人乡愁记忆，展现常山千年古城文化底蕴。

历经 20 余年的持续奋战，常山县城市防洪工程建成投用，解决了常山县城困扰已久的洪涝问题，保护了人民群众生命财产安全，促进了全县社会经济发展。

岭洋鱼山村

先人机巧防山洪 数百年来护古村

衢江区岭洋乡鱼山村深藏着一套古人留下的精巧排灌系统。建于何年、由谁而建，至今成谜。

鱼山村的这套地下治水系统，保存相当完好。这套地下水利工程，巧妙地把山涧通过人工干预修筑成完整的、集排水防洪、引水灌溉和生活供水为一体的微型水系网络水利系统，同时消能防

鱼山村地下治水系统（局部）

冲功能，数百年来一直延续使用，极为少见。

鱼山村地下防洪系统由防洪水道 6 处、地下暗渠 3 处、明渠 3 处组成，总长度约 3000 米。站在山坡上观察，四周山上淌下之水流，先进入防洪水道（排灌渠），分为五路，流经山坡上的梯田后，再流入村庄。而进入村庄之水，在流进村庄后，就被这套排灌系统完全控制。这套系统地下部分从房屋下穿过，露天部分砌于路旁，全部用鹅卵石堆砌，“U”形刨面，平时为村民提供日常生活用水，分散势能后流出村庄，很好地解决了全村的灌溉排洪问题。

鱼山村位于乌溪江源头，因村口有两座小山形似两尾大鱼而得名。村庄依山而建。鱼山村防洪系统主要功能为防山洪，同时用于排放雨水、污水等。从整体布局来看，源头山区林木茂密，有利于水土涵养、减少山洪流量，降低泥石流发生的概率；山坡的梯田耕作，既提供了生活保障，又留存了部分降水量，也削减了洪峰流量；主水系较为顺直，有利于快速排洪；分多级小跌水，有利于山洪能量消耗，保障两岸防冲安全；水系根据地形因势利导、纵横交错，便于水流汇集或分流，有利于排水或灌溉，充分体现了古人高超的智慧。

地下防洪系统见证了村里几十代人的繁衍生息。在村人的记忆里，下再大的雨，村中也从未发生过水灾，完全得益于这套系统发挥的作用。在 1965 年，时任村大队长的杨石古主持过一次修理，人工从出口爬至洞内，进行疏通。

据鱼山村宗谱记载，鱼山村自有居民，可以追溯到公元 977 年。原住民有温、朱、金、张等姓氏。据历史记载，南宋景炎二年（1277）前后，由于战乱，村中族人大多迁至外地。后有柴氏始祖从江山长台迁来此地建家立业。柴氏族人来时，这里几乎是个空村，所以柴氏在此定居后，又把它改名为柴家村。由于祖祖辈辈的勤劳耕作和聪明才智，鱼山村人丁兴旺，古村一派繁荣。

江山张村古涵洞

地底暗流声不断 行人头上过潺湲

地处闽浙赣边界的江山市，既有江郎山的神奇造化，又有仙霞古道的巧夺天工。2020 年，在江山市张村乡，又新发现一处人工筑造的古代水利工程——张村古涵洞。古涵洞工程浩大，结构奇特，功能实用，让人惊叹。

张村古涵洞隐身于张村乡先锋村。然如此浩

张村古涵洞暗渠

大的人工地下长河和水利工程，江山历代县志、民间族谱家乘、乡村文书档案等皆无记载，始建年代、谁人所建等皆无从查考。当地所传为明末清初年代建造。

古涵洞共有5个缺口、10个洞口，全长700余米，其中5段暗渠共300余米，2段明渠共400余米。因有5段暗渠、5个缺口，也称五份涵洞。涵洞高约2米，宽1.8米，涵洞四壁全为大小不一的鹅卵石铺砌而成，涵洞顶部皆为拱形，卵石间不施泥浆等黏结剂，也无另外支撑，而是巧用力学原理，如建石拱桥，使卵石层层挤压支撑。历数百年岁月，仍坚固依旧。

古涵洞的5个缺口，将涵洞分为5段，每段长短不一。最上一段暗渠在大坞山谷，长50余米，由鹅卵石和山石砌成。北洞口较窄小，南洞口宽大，洞顶之上即是农田。出了南洞口，一段明渠依山势而筑，明渠长约280余米，落差较大，水流急，有七八个跌水和小水潭。明渠南端有座石拱桥，建于清代，桥上建四角凉亭，配设美人靠，供途经此地的人们休憩驻足。

第二段暗渠位于先锋村村庄的最北端，长60余米。南洞口有一方小瀑布，瀑布高1米、宽2米许，下为水潭，水潭呈长方形，供取水、洗涤之用。与水潭相接的，是一条120余米长的明渠，与村中人行干道平行。明渠渠壁由鹅卵石衬砌，卵石上苔藓斑驳，刻印着岁月沧桑。明渠上建有4座石拱桥，其中2座为清代所建。明渠两旁，多为民房和道路。

第三段暗渠位于村中偏北，亦长60余米，稍有曲折。南北洞口宽大，人可站立。暗渠上为道路、菜地、房屋等。

第四段暗渠位于村中心，长 60 余米，略有曲折。洞顶亦为道路、菜地等。北洞口宽大，南洞口较窄。

第五段暗渠位于村西南端，连接第四段暗渠，长约 70 余米。暗渠南洞口在荷塘溪北岸，也是整个古涵洞的出水口。涵洞出水注入荷塘溪，再汇入大溪。

古涵洞 5 个缺口大小不一，有长有短，或宽或窄，设在暗渠的转弯处，或流水落差较大的地方。每个缺口下都有小水潭，缺口至水潭，砌十多级石阶，取水、洗菜、濯衣等殊为方便。

在当地，古涵洞还具有实用的消暑功能。夏日酷暑，洞口凉风阵阵；移步洞中，更是汗湿顿消、神清气爽。

涵洞出水口处的荷塘溪河床，铺有 200 多米的鹅卵石。河床鹅卵石紧密相连，殊为坚固。在鹅卵石缝隙间常生长着石菖蒲等水生植物，有小鱼虾在石缝水草中嬉游。

张村古涵洞结构精巧、功能多样。古涵洞每个缺口对应不同的功能，前段供村民饮用，中段供洗涤，后段供灌溉，雨季能排洪，夏天可纳凉，功能相当完备。几百年来，张村古涵洞未发生坍塌或被洪水冲毁的现象，至今仍发挥着防洪排涝、灌溉、洗涤等方面的出色功能。

龙游三门源村堰桥群

碧溪纵贯三门源 龙盘虎踞兴千年

泊舟龙游

未得桥开锁，去船难自由。
渚禽飞入竹，山叶下随流。
忽见秋风喜，还成早岁愁。
卧闻篙子说，明日到衢州。

〔宋〕杨万里

三门源村堰桥群——古桥

三门源村堰桥群——三门源大堰

三门源古村是龙游商帮的发源地之一。因村中拥有“叶氏建筑群”，2008 年被命名为全国第四批“中国历史文化名村”，2012 年被住房城乡建设部、文化部、财政部公布为第一批中国传统村落，2013 年叶氏民居被公布为第七批全国重点文物保护单位。

《民国龙游县志》《龙游县地名志》中记载：三门源，以村南山口建有三座山门得名，又名叶家。据称，旧时村民为防盗匪，在村口筑一道城墙，东、西、中各开一道山门，山门之下又有一道碧溪自北向南穿村而过，故名“三门源”。

三门源村三面山峦环护，背靠以饭甑山为代表的群山，山涧溪流——碧溪纵贯村中，村庄南向为丘陵盆地，村后北面为千里岗山脉的余脉。村内建筑沿碧溪两岸依山势而修筑，现存民居以明清建筑为主，保留了徽派民居与江南民居的特色，村东的叶氏民居建筑群为浙江晚清建筑之代表，具有鲜明的地域特色，是龙游商帮的主要物质见证。现存明清古建筑约 60 幢，还有少量民国建筑。村里马头墙错落有致，卵石巷道曲折幽静，粉墙黛瓦错落大方，古桥、古堰、古溪、古建筑，体现着浓郁的古村风貌。

三门源古村落总体沿地势形成狭长带状布局，村内建筑以碧溪为界，一分为二，溪西为叶家，溪东为翁家。相传最早在此定居的是来自江西季姓的家族，经过千百年变迁，季姓家族人口日渐稀少，现已不存。《民国龙游县志》卷四《氏族考》载："三门一族，谓出梦得五世孙文彬，于宋咸淳六年，由松阳卯山道坪乡迁居三门源之黄里坞。"另有翁姓，北宋宣和二年（1120）避方腊从寿昌迁入。民间收藏的一套"永思堂"《三门叶氏宗谱》记载则称，公元 878 年，北方爆发了黄巢农民起义，战火迅速蔓延各地，民众纷纷逃难躲避。叶氏先人名达，平日喜隐居，不愿为官参政，为躲避战乱，随即离开家乡括苍松阳卯山道坪乡，逃难至龙邱之宣教乡三门源，看到黄里坞"山林幽雅，峰峦拥列，丘园广远"，经得当地人同意，遂在黄里坞拓基筑室，居住下来。

碧溪是三门源村的母亲河。自建村之始，村民就在溪上筑堰蓄水，自上而下先后修建古堰 7 座，人工调节水源，供下游灌溉、村民生活取水之用。溪堰长约 5—10 米不等，宽 2—5 米，旧时多为块石、卵石砌筑，现多用混凝土加固或改建。其中最早建成、规模最大的溪堰为三门源大堰，东西走向，长 13 米，堰体原为大块卵石铺砌，斜面长度 5 米，落差约 2 米，堰中间部分面下凹，呈马槽形。东边引水渠以大块卵石砌筑，引水灌溉三门源村口约 150 亩水田。经改建，三门源大堰成为混凝土堰，古貌损失较大。堰西原有水碓引水渠，现因水碓无存而废。村内有多条排水渠连通至溪边，便利村庄防洪排水。

村民在溪上建有多座桥梁，沟通碧溪两岸。现存一座三门源大桥，进村后即可望见。该桥为单孔石拱桥，桥墩以大块长方形条石错缝砌筑，拱券以六块施叠铺，桥面用石板铺成，无栏杆，宽 3.5 米，长 12 米。桥两边各有 6 级台阶，呈扇形铺开，桥面距水面高约 4.5 米，桥身攀布霹雳藤。

三门源村左为龙山，右为虎山，村南口西侧象鼻山和东侧樟叶岩将村庄环抱其中，形成“左龙盘，右虎踞”“涧扶青狮，岩眠白象”的格局，负阴抱阳、背山面水。村后北面，千里岗余脉峰峦叠嶂，雄奇壮观，高差 600 余米的饭甑山是典型火山地质景观，山顶锥形火山口形似一个硕大的饭甑。山谷溪涧坡陡流急，溪水落之为瀑，聚之为潭，白雾岩瀑布（佛岩飞瀑）落差达九十余米，气势雄伟。

开化何田古村

引来山溪活水 古法养鱼传今

清末民初塾师詹成熙题叶家《养渔池》诗云："古有渔翁引兴发，鉴开半亩岂方塘。就深就浅丞然逐，活泼生机映曙光。"在开化山区，坑塘流水养鱼是一直相沿至今的习俗。

开化多山，山区极少池塘。为能吃上新鲜活鱼，何田、齐溪、长虹等边远山区村民，就在溪边、田边、

开化县何田古村鱼塘

中国清水鱼博物馆

路边，或在宅旁及屋内天井中挖池砌石，引流水养鱼。这类小坑塘面积5—10平方米不等，水深0.5—1.2米之间，设进出水口，引溪水、山坑水或泉水入塘，池水不断流动，以补充氧气。流水坑塘养鱼，鱼种以草鱼为主，每平方米放养10尾左右，轮放轮捕，可常年捕食。

流水坑塘养鱼，以何田清水鱼最为知名。

何田森林植被覆盖良好，水土保持及地下蓄水俱佳，水流终年不断，河床比降大，引水方便。山溪水的季节温差小，无污染，为鱼儿生长提供了优良条件。因此，这里历史上就有户户养鱼的传统，无论是小渠边、溪滩上、菜园旁，还是房前屋后零散的闲地上，都挖有一口口流水养鱼塘。有的人家还别出心裁，把鱼塘挖在厨房边门的小天井里面，塘边设置栏杆，凭栏观鱼，别有意境。

何田当地老百姓有句待客的口头禅：“山坞

何田清水鱼

门前贴鱼尾习俗　项明月摄

里，没好菜，抓条活鱼把客待。”这句话既道出了何田人热情好客的民风，也展现了何田家家户户养清水鱼的特殊风情。对于坑塘养清水鱼，不但家谱上有记载，县志上也有记载。

早在明代末年，开化边远山区山民，就于靠近溪流山泉的地方，挖坑筑塘，引水进行养殖。《开化县志》载，明朝末年，本县就有人在河边、田边、路边、山坑边、房屋内挖土砌石成池，引用溪水、山坑水或泉水养鱼。《衢州市志》载，明清时期，开化马金一带就有人专程到江西九江购买鱼苗，运到开化贩卖放养。鱼种以草鱼为主，此习一直相沿。

处处可闻流水响，步步能见鱼儿游。山区流水坑塘养鱼，乡民利用出工收工之暇，拔点嫩草丢进塘里，就是草鱼的最好饲料。

小小的流水塘，要养出大鱼也非易事，最要紧的是管好水。天涝须防大水冲走鱼苗，天旱得防鱼塘断水缺氧。坑塘进水口距离水面有一定的落差，主要是控制流量，水流既不能过大也不能过小。出水口一般设上下两个出水口，上出水口主要是稳定水位，下出水口主要是用于沉淀，把鱼排泄物等杂质过滤沉淀后流出，流出之后经过自然系统的自我净化修复，汇入小溪流，进入下游的水池循环使用，水质基本和上游保持一致。鱼池中，乡民们往往要放养几尾红荷包鲤鱼。草鱼、红鲤鱼混养，一方面，红鲤鱼可以消耗草鱼排泄物，改善水质，另一方面红，鲤鱼醒目的颜色也可威慑大鸟，防止鱼鹰、山鹰、鹭、鸢等飞禽叼鱼。

流水养鱼，将山涧溪流的水流最大化利用，养出的鱼背部溜黑，鳃色红艳，鱼肉细腻鲜嫩而富有弹性，无塘泥腥味，为鱼中上品。在何田乡柴家村淇源头自然村，有清水鱼塘42口，清水鱼能卖到每公斤六七十元，农户每年增收多的达二三十万元，流水坑塘成了村民的“聚宝塘”。

何田清水鱼有一套独特的烹饪技艺。取活鱼现杀，切成鱼块（亦有全鱼烧制的），下锅时油不宜多，且以清水炖煮，待鱼汤呈奶白色黏稠状，附上常用的佐料即可。此法烹出的清水鱼，汤鲜肉嫩，食之不腻。开化各类菜肴中，何田清水鱼为招牌菜，这道特色菜肴曾多次走进中央电视台，在《远方的家·北纬30° 中国行》《科技苑》《舌尖上的中国2》等节目中播出，更使其声名远播。

近些年，随着当地党委、政府的积极推动，何田清水鱼的养殖规模和产品质量都得到了很大提升。清水鱼以其优异的品质，通过了国家无公害绿色食品有机食品双认证，并先后获省首届渔博会银奖，省农博会银奖、金奖，衢州市名牌产品、市著名商标等称号。

每年中秋佳节，是当地吃鱼的传统节日，清

水鱼也是亲友间互相馈赠的礼品之一。临近节日，该乡各村一片人欢鱼跃，家家户户都把自己塘里最大的鱼抓起来，一待月上中天，便纷纷端出清煮鲜鱼，合家欢聚，饮酒品鱼。当地有个习俗，每吃一次鱼，就把鱼尾斩下，贴在墙上、门板上，以示年年有余生活富裕。近年，当地年年隆重举办清水鱼节，中秋佳节到来，家家户户开塘抓鱼，舞草龙、做大戏，庆贺丰收。“清水鱼节”这一民俗节庆活动，也成为当地特色的文化旅游项目。

开化山区古法坑塘流水养鱼，也体现了山民的治水智慧，能起到一定的蓄水调水功能。流水养鱼系统中的流水坑塘虽小，但具有蓄水调水的功能。山泉溪水自上而下流速加快，而清水鱼养殖利用乡土石块打造的坑塘作为溪流途经的一个调节池，具有储蓄水源、缓解水患的作用。水源丰沛之时，清水鱼养殖的坑塘作为山泉溪水途经的一个中转池，能将山溪水先截留，再排出塘外，起到调节水势的作用，使坑塘水体形成一个循环可持续的水系统，为清水鱼养殖提供生态无污染的水质条件。水源短缺之时，系统中的流水坑塘可以作为一个蓄水池，将水资源提前储存起来，暂时维持清水鱼养殖坑塘微环境的生态稳定性。

江山廿八都古镇水系

古镇遗梦越千年
枫溪蜿蜒自流淌

仙霞岭

镇日崎岖度远山，远山深处解征鞍。
翠环水古四围匝，冻积肥冰一夜寒。
月影自催人起早，泉声不许客眠安。
明朝直向烟霞去，身在亨衢天地宽。

〔宋〕马子严

廿八都水系之进水口

廿八都水系

枫溪自北向南蜿蜒流淌，古建筑群缘溪而建，错落有致。江山廿八都古镇，被称为“一个遗落在大山里的梦”。2007 年，廿八都古镇被列为国家级历史文化名镇。2017 年，廿八都古镇和江郎山一起，成为国家 5A 级旅游景区。

廿八都位于浙闽赣三省交界、仙霞岭南麓。1100 多年前，黄巢挥戈南下，在浙、闽之间的崇山峻岭中开辟了一条仙霞古道。自此，廿八都成了历代屯兵扎营之所，兵家必争之地。历史上的频繁战争、屯兵、移民，使廿八都成为“方言王国”和名副其实的“百姓古镇”，居民南腔北调流传着不同地域的 13 种方言，繁衍承继着 142 种姓氏。

恢宏的古建筑群，见证了古镇曾经的繁盛。发源于小竿岭的枫溪穿镇而过。新石器时代晚期，这里已有先民定居生息。公元 1129 年宋室南渡之后，人口南迁，“四方之民云集两浙，百倍常时”。作为中原通向东南沿海、连接海上丝绸之路的陆上交

廿八都水系

通枢纽，仙霞古道起着“兵道”与“商道”的双重功能。明、清两代，廿八都设有驿铺、驿站。清代，设有浙闽枫岭营总府衙门，俗称“三品游击衙门”，驻兵过千。至清代，最初主要是军事功能的仙霞古道逐渐成为商旅要道，廿八都作为过往货物中转的第一站，迅速成为三省边境最繁华的商埠。随着仙霞古道政治、军事与经济地位的不断凸显，一拨又一拨的守军与眷属来到了廿八都，官宦挑夫、商人军士，摩肩接踵，在古镇形成了与其他江南水乡古镇迥然不同的“移民文化”，民俗风格多样。

廿八都古镇最重要的水系就是穿镇而过的枫溪（又称廿八都溪、浔溪）。清代形成的浔里街北起上浔门，南至花桥头，长510米，宽4.5米，路面石砌，时为廿八都的主街。主街形成之时，在上浔门抛石建堰，引枫溪之水入主街，沿主街东侧修鹅卵石水渠，由北向南流至花桥头再汇入枫溪。水渠与主街同长，宽窄不一，有深有浅，水渠起始段稍宽大，高度0.8

米，宽度0.5米，越往后越窄小，到集镇出口段高度及宽度只有0.4米。渠虽小，却很灵动，走进主街，只见流水潺潺，居住此处的人们搬着小板凳坐在水渠边纳凉，或在水渠洗衣洗菜，水里还有小鱼在悠然游弋，整个古镇因这条水渠而活泼生动起来。

水渠不仅起着洗涤的用处，更是消防用水的主要来源。主街两侧古建筑雕梁画栋，涵盖了浙派、徽派、闽派、赣派，甚至西方的巴洛克式等多种建筑风格，每个大宅院的门楼都精雕细琢，美轮美奂，彰显着家族的身份和地位。古建筑多为木质骨架，而枫溪和主街又有高低差，取水不方便，主街的这条水渠就成了主要的消防水源。水渠同时承担着排洪排涝的功能，雨季的廿八都古镇，因为这条水渠的排水功能，古镇路面从来不会积水。

枫溪上浔门的拦河堰坝经多次修缮，最近一次修缮在1986年，原先的木桥改成了廊桥，原先的进水口也设置了闸门。古镇整个水系的流通从未间断，春夏秋冬从未干涸，一代代伴随着廿八都古镇，流淌不息。

古镇建筑群在枫溪之西，沿枫溪构筑。枫溪桥如虹霓跨溪，连接两岸。枫溪桥是座单孔石拱桥，于清道光十八年（1838）建造，1925年受大水冲击重修。桥身由青石砌筑，桥台、桥栏及上下台阶也用青石板铺设。

枫溪发源于境内小竿岭南坡，流经山峰村、浔里村、花桥村、枫溪村、浮盖山村后向西流入福建浦城县，最后流入江西省上饶市广丰区，属信江流域。近年来，通过堤防、护岸建设和清障疏浚、绿化美化等措施，枫溪河道水清、流畅、岸绿、景美，成为了5A级景区中的景观河。

常山金源古村水系

狮山拱峙 溪水潆洄

垂柳人家、小桥流水，还有那随溪水而去的天灯……走进常山县东案乡金源村，50余幢宋、明、清老宅，沿着“大路古街”中轴线而建，大路、小路、弄堂，弯弯曲曲，像迷宫一样，诉说着这座古村落的千年故事。

金源，古时又叫长川、上源。金源村民多为

常山县金源古村水系（局部）

常山县金源古村水系夜景

王姓，当地王氏家族中的王介（1015—1087），字中甫，宋仁宗庆历六年（1046）登进士第，早年与王安石交好。生有四子——王沇之、王沔之、王汉之、王涣之，其弟王悆及侄子王沩之，皆登进士第。加其父、祖父均为进士，为常山望族。时有“一门九进士，历朝笏满床”之誉。

据清代毕沅《续资治通鉴》记载，1061年8月，皇帝亲自监考，选拔“贤良方正能直言极谏”官员。参加这次考试的，最终有三人入选——苏轼获第一名（第三等），王介获第二名（第四等），苏辙获第三名（第四等）。来自浙西一隅的王介能在这次策试中脱颖而出，取得第二名，名列苏辙之前，实属相当不易。

据《王氏宗谱》记载，曾任定州知州的王汉之，

常山县金源古村水系夜景（局部）

其直系元孙王翰，于宋末由本县迁善乡归仁里（芙蓉前旺章舍）迁至此地。据当地村民介绍，当时因方腊起义，时局不稳，王氏古人从芙蓉章舍外迁选址时，带着一条家犬踏勘定居地。到了上源时，那条聪明的家犬竟躺下不与主人同返。主人就依了犬的灵性，决定迁至此地建宅。

经实地考察，建宅后村里水源紧缺，王氏古人便决定选址上源溪上游筑坝，从坝上筑渠，引水进村。

村落水口，古人认为这是关系到村庄人丁财富兴衰、聚散的场地，讲究“天门地户”，村门“天门”（来水方向）要打得开，村口“地户”（去水方向）要闭得紧。金源村整个建筑，依山傍水，按上源溪水流向所建，住宅朝向不是传统上的“坐南朝北”，而是“坐东朝西”，和丽江古城一样，在金源村口上源溪筑“官坝”引水村中，穿村而过，全村建筑沿着水渠主干道为中轴线而建。溪水在村中间“风水塘”来了一个迂回，接上了山坑坞水，寓意“接财怀中抱”。随后，溪水一路南下，灌溉村下游千亩“西燕棚”大片良田。可谓是“狮山拱峙，溪水潆洄，古木参天，良田盈野”。

该村也由此得名“上源”。又缘于王氏家族在当时的社会名望，后人就将水坝称为官坝，水渠称为官渠。现存官坝堰高 3 米，堰长 30 米，堰体采用卵石砌筑而成，古朴自然。

村内水渠是解决村民生活用水的水渠。它自村口的官坝引水入村，沿村中古街步道而下，水渠或明或暗，或隐或现，有分有合，全长 600 多米，宽度有宽有窄，在 0.3 米至 0.8 米之间，高度有深有浅，在 0.2 米至 0.6 米之间，宽浅各异。随后，渠水一路南下，灌溉下游大片农田。水渠大多是用石块砌成，俭朴实用，暗沟水渠则铺上当地的石板。屋前弄口沿水渠多架有石板或者搭成踏步，并建有水埠头，供人们上下汲灌及浣洗，也便于消防。为保持水质纯净，早年订有村规民约，规定浣洗的内容，使水质保持洁净。水渠清澈见底，连接百家，四通八达，真是家家门前有清泉。

村庄中间的风水塘水面不大，却是村民休憩、纳凉、交往的“共享水空间”。

金源古村水系集中体现了古村落深厚的文化积淀和丰富的物质文明，是人们的生活理想和创造能力在自然水环境中改造居住环境的结晶。

2019 年 6 月，金源村被列入第五批中国传统村落名录。2020 年 6 月，金源村引入衢州市腾云文化旅游发展有限公司，开启古村活化利用的“新篇章”，推进整村运营，创造出了乡村旅游富民新模式，金源官坝也成为古村文化旅游景点之一。该村先后被评为浙江省书法村、浙江省文化和旅游促进共同富裕最佳实践案例。

津渡帆影竞风流

衢州古城正门朝西，比较罕见，概因水运繁盛，古城西门因此又称“朝京门”。衢州水运始于唐代，兴于两宋，繁荣于明清，“帆樯如林、舟楫如鲫”，细致刻画了当时的水上盛景，白居易、王安石、杨万里等无数文人墨客在此留下诗篇，更因此使得龙游商帮、江山商帮由此走向天下。

衢江水运

桨声帆影里的浙西繁华

下鸡鸣山[1]诸滩，望柯山[2]不见

地近莲花[3]江渐深，一滩一过快人心。
贪看下水船如箭，失却柯山无处寻。

莫怪诸滩水怒号，下滩不似上滩劳。
长年三老无多巧，稳送惊湍只一篙。

却忆归舟是去年，上滩浑似上青天。
诸滩知我怀余怨，急送秋风下水船。

〔宋〕杨万里

樟潭古渡

注：①鸡鸣山：在衢城东北十里，衢江与乌溪江汇合处。②柯山：即衢州名山烂柯山，道书为七十二福地之一，"王质遇仙"的传说即出于此。③莲花：衢州北乡大镇，有芝溪汇入衢江。

浮石古渡

巍巍古城，门朝西开。初次游历衢州的人难免好奇：古城多以南门为正门，何以衢州城的正门是西门“水亭门”？

原来，古城西临衢江，出水亭门外有码头，出城即可上船。古时的衢州水路“上达两京，下通九省”，水亭门也因此被百姓称为“朝京门”。

“居浙江之上游，控鄱阳之肘腋，制闽越之喉吭，通宣歙之声势”，四省通衢说的就是衢州自古作为交通枢纽的重要地位。宋代蔡元定言：“入江之滨，乃衢龙要冲之地，水择当其南，马择当其北，东连严睦，西引信闽。”道出了当时衢州水陆交通之便利。

一段 800 年的繁荣记忆

衢州水路，唐宋已畅达。明清时水运已成规

天后宫，位于樟潭古埠旁

模：以衢城为中心，上行江山、常山、开化，可抵皖赣，接滇黔；下行龙游、兰溪，可通温、越、明、秀、处、婺诸州，经京杭大运河连北方诸省。

唐代李翱《来南录》中记载："自杭州至常山，六百九十有五里，逆流多惊滩，以竹索引船，乃可上。"古代衢江波涌流急，江中行船靠岸，需要岸边纤夫艰难拉索方可。而至宋以后，衢江水文特征则有了改变。宋代杨万里《过安仁市得风挂帆》曰："明发山溪一雨余，时来暑气半分无。何人道是三衢远，挂起东风十幅蒲。"可见舟行之疾，与李白"千里江陵一日还"颇有异曲同工之妙。到了明天启年间的《衢州府志》写常山港"溪水澄泓，一湾回抱"，写江山港"山峻而廉，水清而驰"，衢江水流则明显平静多了。

逐渐趋缓的衢江河道为水运的发展提供了更多可能，这从衢江上津渡和码头的数量可见一斑。

浮石古渡

衢江上有多少渡口？清《康熙衢州府志》记载，有津渡 103 个，码头数十个。津渡和码（埠）头虽都用于水运，但作用却不尽相同：津渡渡人；码头、埠头装货卸物，多用于商贸物流。可见当时的衢江水运已有了细分。衢江上较有名的渡口有唐贞元年间设的盈川渡，南宋时的招贤渡和安仁渡，以及龙游上塘渡，开化华埠渡等。较为出名的码头则有江山清湖码头、龙游驿前码头、龙游茶圩码头等。

而在衢州城里，旧时有柴埠头、杀狗码头、盐埠头、中码头、朝京埠、德平埠、浮石埠等。简单直白的名称，指向的却是一座小城因水运而被推向的史无前例的大繁荣。

摆渡

史书上有载，浙盐行销四省，其中赣省广信府（今上饶）七县食盐，均通过衢江水运至常山起岸，转陆运到玉山分销。民国时期，衢州客货运输仍依赖水运，当时衢州水亭门外、沿江一带，桅杆林立，大小船筏穿行如织；码头附近店馆鳞次栉比，白天熙熙攘攘，夜间灯火通明。1949年时，衢州辖区内共有木帆船2690艘，吨位13182吨。解放初期，衢江水运在输送粮食、木材、柑橘、煤炭、毛竹、柴炭、麦秆等大宗土特产方面，发挥了极为重要的作用。进入20世纪80年代，随着机动船的发展，衢州市先后开辟了衢州直达萧、绍、宁、杭、嘉、湖、上海、江苏等内河航线。

可以说，衢江航运在很长一段时期内都处于持续繁荣的阶段，时间跨度长达八百余年。

一条水上诗路

一条水路，带来了经济上的繁荣，更推动了文化繁盛。

“浮石潭边停五马，望涛楼上得双鱼。”在这里，时任杭州刺史的白居易，与任衢州刺史的好朋友张聿隔江而望，一边是衢江上的浮石潭，一边是杭州的望涛楼，舟传尺素，写出了“君住长江头，我住长江尾”的况味。

“翠潋递明灭，清深泻欹危。”在这里，屡试不第的孟郊来到衢州寻找心灵慰藉，有感于江上浮石之奇特，留下这首《浮石亭》。此后被后人勒刻成了石碑，立于江畔浮石亭中，浮石亭也因此被人们称为“孟公亭”。

“千山红树万山云，把酒相看日又曛。”在这里，三顾衢州的韦庄送别友人李秀才。彼时正值家国动荡之际，对国家前途的忧虑和自身苦闷不得志，在送别友人的离愁别绪中渲染开来，借着秋日满江火红又绚丽的景色，更添哀婉凄清。

“安得冬风一吹汝，手把诗书来我旁。”在这里，借着衢江水路往返于京城与江西老家的王安石，在夜宿衢江边时，也不禁被“幽鸟不见但闻语，小梅欲空犹有香”的江上夜色所吸引，恨不能借着一阵风将兄弟也带来衢州，共赏佳景。

更有无数次流连于衢江上的杨万里，说滩头，咏渡口，有感于这里的田间野趣，也难忘果园中的橙黄橘绿……几乎衢江上的各个渡口都留下过杨万里的诗篇，在舟行江上的须臾之间，殊不知是景打动了人，还是人升华了景。

一条衢江水路，更是一条水上诗路。无数文人墨客途经此处，或借水抒怀，托景言志，或聚散有时，畅叙友情亲情。可以说，衢江上的诗是属于旅人的诗，寄托的是一段漂泊的游子情怀，道不尽的是对生活的热望。

一次水上复兴之旅

进入 20 世纪 90 年代，受陆路、空运交通发达和衢江季节性断流等影响，衢江水运一度沉寂下来，并逐渐消失在大众视野中，曾经的水上繁华，只能留在老一辈衢州人的记忆中，无限感怀。

2006 年底，水利部门建成塔底水利枢纽蓄水，衢江上由此诞生了信安湖。为了打造国家级的水利风景区，水利部门在保障防洪安全前提下，将历史人文元素融入沿岸工程建设：曾经的柴埠头旧址复建起四喜亭码头，接驳水上画舫，述说旧日衢江上的繁华；浮石古渡于原址附近复建，并于岸上修建起水文化主题公园，其中建有诗词文化长廊，将历代诗人吟咏衢江的诗赋作碑刻于其上。曾经的衢江水运文化由此重新回归大众视野。

而得益于上下游水利枢纽的综合调蓄，衢江季节性断流的难题一去不返，也为衢江水运复航提供了可能。

2012 年，随着省政府办公厅关于浙江省内河水运复兴行动计划的一纸公文，衢江水运重启的梦想照进了现实。2020 年 5 月，“杭衢钱塘江诗路之旅”正式启航。

开化华埠古渡

钱江源头商贸繁华地

马金双溪古渡

源远流长两水来，条条素练劈分开。
渔翁各岸垂丝钓，行客同舟叹日催。
夜浸银蟾双影落，风翻金柳夹堤栽。
古来遗渡通衢道，津济溪头德广哉。

〔宋〕华锦文

开化县华埠古渡

联珠埠头

“三桥卧波达皖赣，九溪合流通钱江。”华埠，唐末906年开始建制，是一座千年古镇。因地处马金溪、池淮溪、龙山溪三江汇口，长期受溪流冲刷，淤泥堆积，从而成为水路交通要埠，素有“钱江源头第一埠”的美称，也是开化县对外重要窗口和商贸重镇。

华埠因埠头而出名，镇上的一砖一瓦都因埠头有了传奇色彩。

脚踏青石板，走在千年古镇上的华埠横街，两排徽派建筑，白墙灰瓦，青春靓丽的少男少女穿梭其中，人来人往，尽显繁华。

横街的东头便是古镇钱塘江上游马金溪的河畔，清澈的马金溪自北向南穿过古镇，华埠老街也顺着河水的流向分为上街和下街。

华埠渡口老照片

据记载，华埠古镇上的埠头共有 10 个，从上街到下街，依次有油榨埠头、盐埠头、联珠埠头、仁彩埠头、长庆埠头、八仙埠头、官埠头、邋遢埠头、关王庙埠头、纸埠头，所以又有华埠埠头十全十美之说。

这些埠头依地势砌筑，简约而实用。夜幕下，仿佛“晚泊松陵系短篷，埠头灯火集船丛”的景象。埠头下绿水长流，埠头上连接的是红色的记忆。抚摸如长城般的墙垛，历史的体温如昨——在革命战争年代，我地下党组织在油榨埠头起卸转运物资，为敌后根据地方志敏领导的红军战士送去食盐、药品等急需的生活用品；在抗日战争时期，陈毅将军在开化集结北上抗日先遣队后，在盐埠头带领战士们挑运军火等战略物资；在新中国建

华埠木运老照片

华埠木运老照片

华埠船运老照片

设时期，开化人将开化老林中的上好木材，从“五一”码头源源不断地运往新中国建设的工地。红色的埠头养育了红色的英雄儿女。古有戴敦元，今有吕公良。戴敦元官至刑部尚书，一生清正廉明、勤政为民；吕公良身为上将，身先士卒，屡建奇功，献身抗日战场。华埠英雄儿女为时人所称道，为后人所赞誉。

每一个埠头的对面就有一条弄堂相对应，1949年前，到华埠的各种各样货物在埠头上岸后，就是通过上下街、横街、后街和众多的弄堂，分流去往江西安徽和本县的四面八方。因而华埠历史上有二百五六十家商号，造就了埠头的繁忙和小镇的繁华。华埠为浙赣皖三省七县的竹木、茶叶、食盐、瓷器等物资集散地，被称为“钱江源头第一埠”，是浙西通往皖南、赣西北的水陆交通要道。清时曾设华埠营，又为兵家必争之地。明清时，镇上店铺林立，水运繁忙，船筏云集，渡口往来人众，熙熙攘攘，热闹情景直至民国。

华埠镇现存的埠头有八仙埠头、关王庙埠头、联珠埠头、仁彩埠头、盐埠头、油榨埠头，埠头面貌在近年河道堤防治理中重新进行了修复和改造。据史料记载，华埠的航运业曾相当兴旺，河中日停船只有数百艘之多，多时甚至超过千艘。

相传，周宣灵王是司风雨之神，是水上作业者的保护神。为了保佑来年开船风调雨顺，凡江山帮、严州帮的船民、排工，不仅集资建了周王庙，还在自己的船篷内裱贴周宣灵王神像，初一、十五烧香膜拜，并将每年的农历四月初八定为开船节。

每逢开船节，这些渔民都会先聚集在周王庙前演戏，祭拜周宣灵王，最后开锣、擂鼓、放炮开船，十分隆重。此外，还会搭台邀请大戏班，连续上演几天大戏，然后鸣炮，正式开始一年的运输作业。

埠头承载着旧事，也寄托着华埠游子的乡愁。埠头已跨越千年，但不管时空如何变迁，都剪不断华埠游子对它的无限牵挂，扯不断华埠老街坊对它的寂然无声的守望。岁月老去，年华消逝，曾经繁华热闹的埠头市墟，现已变成了装修一新的仿古商铺。

华埠古镇的埠头仍然褪不去历史的痕迹，它们在“五水共治”和建设“开化好地方”的过程中散发出埠头文化的气息。

十大埠头：

华镇官埠：这是建筑在老街中段埠头入口处的一座高大的石牌坊上书的埠头之名，凡官员赴开化上任或视察，均从此上岸后，赴驿站或公馆小憩。

盐埠头：华埠建有八大盐仓，每年数十万担食盐的进出，均从该埠头外运到周边县市，因此而得名。

油榨埠头：位于老街之北端，以抗日名将吕公良之父所开业的大成油榨而命名。该埠头以运送榨油所需茶籽、桐籽、柏籽、油菜籽和成品油外运为主。

八仙埠头：位于老街中段偏北。意为“八仙过海，各显神通”。该埠头主要进出各种货物，诸如茶叶、食品、棉布、瓷器、药材、海货等。

纸埠头：位于老街南端。该埠头是古代专为运送朝廷所用贡纸开化藤纸而建。至清末，由德兴一位王姓纸行老板捐资重修，故称纸埠头。

关王庙埠头：以关帝庙得名。位于老街南段，其庙，旧时为码头工人亦称搬运工人集会、休息之所。

联珠埠头：位于老街中段偏北。因对面店铺有一弧形的洞门，上书“珠联璧合”四字，以此得名。

仁彩、西号埠头：位于老街北端，均属渔舟停泊之埠头。

邋遢埠头：位于老街南端，该处建有造船厂，竹排、大小木船破损均送此修理，观之很是杂乱，加之埠头之西面为荒地，用来堆埋垃圾，故又被称之垃圾埠头。

“五一”码头：为水路货物运输的需要，1964年2月于老街东南面临马金溪建造了一座石砌壁式货运码头。

常山招贤古渡

杨万里梦回之地

过招贤渡

归船旧掠招贤渡，恶滩横将船阁住。
风吹日炙衣满沙，妪牵儿啼投店家。
一生憎杀招贤柳，一生爱杀招贤酒。
柳曾为我碍归舟，酒曾为我消诗愁。

〔宋〕杨万里

常山招贤古渡

招贤古渡

“一生憎杀招贤柳，一生爱杀招贤酒。”宋代诗人杨万里对于招贤的熟稔与偏爱，跃然纸上。

常山港，古称“金川”，自古以来就是水陆转运、舟车汇集之地，宋室南渡以后，更是两浙连接南方诸省的重要枢纽，繁华一时。作为常山港水上交通重要节点，招贤古渡始建于南宋，位于常山县城东三十五里、常山港南岸，是衢州至江西、徽州的必经之地，因此成为商船贸易的集中地，也是常山古代十景之一，自古就有“浙西名渡”之美誉。《常山县志》有载：“招贤渡，位于招贤街。系南宋古渡，原为官渡，设渡船两只，渡夫两名。”

“宋室南渡”让大批文人巨匠随之南迁，以“中兴贤相”赵鼎、两朝帝师范冲、魏徵之后魏矼等为代表的文人士大夫来常山寓居，也给偏隅江南的常山带来了前所未有的文化繁荣。而这其中，最

偏爱此的，当属杨万里。

在临安（今杭州）为官时的杨万里，每次回老家江西吉水总经由此过。他先后六次到招贤古渡，且每次都要驻留一段时间再离开，留下了许多写常山的诗文，其中编入《诚斋集》的就达30多篇。现存明万历及其以后的《常山县志》和《常山县古诗词选》等相关史料，收有杨万里写常山诗八首，尤其以写招贤古渡的诗最多："一生憎杀招贤柳，一生爱杀招贤酒。柳曾为我碍归舟，酒曾为我消诗愁。"写出了诗人身处此处的洒脱不羁，恣意畅快。而在另一首诗中，"归舟曾被此滩留，说著招贤梦亦愁"，则写尽了诗人对招贤的偏爱与留恋。今时今日，我们无法感知招贤在诗人的梦里诉说着何种愁绪，但借着诗句流传，招贤与诗人的维系就此深植于这方土地的历史文脉之中。

杨万里画像

招贤古渡

此外，还有王安石、苏轼、米芾、赵鼎、曾几、陆游、辛弃疾等。据不完全统计，两宋时期与常山有关的宋诗多达1000余首，常山港所代表的“宋诗”，是钱塘江所代表的“唐诗”的传承与延续，极大地丰富了浙江诗路文化带的内涵。这与浙江省提出的“钱塘江唐诗之路”概念是一脉相承的。

历史是根，文化是魂，传承是为了更好的发展。如今，钱塘江诗路风光带建设正当时，当历史与现在交汇，那条依托在常山江上的“宋诗之河”才能真正地奔腾起来，焕发出宋韵文化的无限神采。

江山清湖码头

商帮孕育地 浙西『小上海』

清湖春早

半河楼影半河天，未有行人趁早船。
闲听卖花声自好，可须多费买花钱。

〔宋〕方　回

清湖晨光

清湖古码头——南货码头

清湖地处浙江省西南，钱塘江南源，北与江山城区毗连，区位优势得天独厚。清湖具有3600多年的悠久历史，于唐代建乡，是东汉时期浙西最大的商埠，有著名的“六场三缸八坊九行十匠百店”之称。

在古代，运往北方的陶器从清湖码头上船，经须江水运达钱塘江，可直通京杭大运河。清湖地处江山港下游，江山市区之南，清溪穿镇而过，素有浙西“小上海”之称。

清代诗人顾祖禹《读史方舆纪要》云：“仙霞诸岭之水，至清湖渡，始通舟楫，北流经城下。”

旧时，清湖码头是钱塘江源头中小型船只能够常年到达的最上游之处。清湖河床水域最宽处达200米，平均水宽在150米左右。河宽水深，

清溪锁钥碑刻

清湖古码头——清溪锁钥

流缓波平，极利于众多船只航行、停泊。清湖水域，常年可通航 14 舱至 8 舱（约 10 吨）木帆船。

作为钱塘江水路与仙霞岭陆路的转接点，清湖码头较早发展成为一个大型集镇。从钱塘江逆流而上的船只，运载着江南各地出产或转运的物资，源源不断地驶入江山港，在清湖码头卸下，转成陆路，连同江山本地物产，由挑夫肩挑，沿仙霞古道，南越仙霞岭，挑运到福建浦城，在那里下南浦溪，入闽江水系。而从福建各地经闽江运抵浦城码头的物资，连同浦城本地物产，也由挑夫肩挑，北越仙霞岭，挑运到清湖码头，再沿江而下，抵达钱塘江中、下游各地，甚至入京杭大运河运往更远的地方。

清湖古码头系船柱

清顺治五年（1648），闽浙总督驻衢州，将自衢入闽原常山至玉山一路，由官方正式下文改道为江山经清湖，越仙霞岭至浦城而入闽。顺治十二年（1655），又将原设在常山的广济渡水马驿，迁至江山县城南十五里之清湖。

自此，清湖成为浙闽交通要冲。浙人入闽，在此舍舟而陆；闽人入浙,在此舍陆而舟。清湖镇，顿时成为士宦客商转旅之处、商品货物集散之所。

至清中叶，清湖已成为“十里城南路，舟车此地纷”的繁华集镇。晚清至民国初年，清湖发展至鼎盛，“商务为全县中心，繁盛胜于县城，江西玉山、广丰两县，旧皆在此办货”。其时，这个镇上有装卸埠头17个、转塘行13家，有船300余艘、竹筏100多只，有轿行3家、轿33杠。三个较大型的码头，其一是位于镇集西侧的盐码头，专用于卸盐；其二是镇集东侧、浮桥南端的码头，用于装卸百货；其三是浮桥北端的码头，用于装卸竹木柴炭。其余十几个码头，都分布在清溪西南岸，自最西面的落虎埂上码头，到最东边的“半爿月亮”码头，长度超过1千米。

清末民初，清湖集镇街上，有钱庄银号15家、米蛋行22家、油腊行7家、炭木山货行10家、茶店23家，还有各种商业、服务业店铺100余家。概括起来，清湖有著名的“六场三缸八坊九行十匠百店”。长约1千米的清湖老街，店铺林立，行人如潮，生意兴隆，热闹非凡。

自明清至民国，在清湖经商的商人，已形成绍兴帮、江西帮、福建帮、徽州帮和海宁帮等五大帮，各自占据着地盘，经营着各自的特色商品。如绍兴帮，以销运“官盐”为主；江西帮主要经营棉布、绸缎生意；而福建帮以卖山货为业；徽州帮则侧重开设南货店。

由于清湖码头的兴盛，又衍生出两大特殊的物流群体——“仙霞挑夫”和“江山船帮”。当时，来往于仙霞古道上的“仙霞挑夫”，曾号称“日过五百扁担”；而钱塘江上所有船户，大抵可分为四帮，而以“江山船帮”为“钱江第一帮”。同一个地域，同时涌现水陆两支物流大军，这在全省乃至全国，都是独无仅有的景象。

至 20 世纪 50 年代，清湖码头的水上运输逐渐退出了历史舞台，但清湖繁华依旧。进入改革开放时期，敢为人先的清湖人开始创办小微企业，地弹簧厂及其配套企业遍布清湖的大街小巷，地弹簧销往全国各地，清湖码头成为闻名全国的“地弹簧之乡”。

清湖码头，依山傍水风景优美，名胜古迹星罗棋布。这里不仅是繁华的商埠，又是一个具有红色印记，传承红色基因的一方热土。

1934 年 9 月 13 日，就在这里经历了“过红军”的重大历史事件。这支红军就是奉中国工农红军军事委员会之命，由军团长寻淮洲和参谋长粟裕指挥的北上抗日红七军团。这是一支威武之师，让驻守在清湖的国民党军队闻风丧胆、溃不成军；这是一支仁义之师，专打土豪劣绅，不拿群众一针一线。这支铁军既是宣传队，宣传共产党全面抗战的主张和红军北上抗日的意义，这支铁军又是播种机，在清湖播下了一粒粒红色的种子。

一方水土养育一方人。清湖码头，人杰地灵，清湖儿女，英才辈出。如今，透过清湖码头的遗迹，仍然可以看到昔日繁华的商埠景象。目前，清湖古镇正在进行“未来乡村”建设，相信清湖的未来一定更美好，不久清湖古镇将成为“网红打卡地”。

津渡帆影竞风流

盈川古码头

千年唐风浸润之地

泊盈川步头①舟中酌酒（其四）

苍苍烟画千岩秀，泛泛花流一水长。
会向武陵寻避世，此身已是捕鱼郎。

〔宋〕赵　鼎

盈川古码头

注：①**步头**：即埠头，“步”同“埠”。

盈川古码头

沿着衢江一路向东，有芝溪汇入之地，名为盈川。据传县西有刑溪，当地百姓认为此名不详，故更名盈川，取山不让尘、川不辞盈之意。

作为盛唐开端留下的尘世遗珠和衢州市唯一入选浙江省首批千年古村落的村落，盈川村可谓是历史悠久、源远流长。盈川村位于衢江区高家镇，面临衢江，与龙游县小南海镇接壤，从唐朝武则天执政时的如意元年（692）开始设县，到元和七年（812年）撤销，历时整整120年。两宋时期，盈川改为乡，明清以后，为盈川村，千年光阴流转，无数朝代更迭，盈川之名却始终不变。

盈川古码头是古代一个规模较大的航运货物集散中心，又是一条重要的古驿道，素有“上通常山、开化，下通兰溪、金华”之誉。公元692年，初唐四杰之一杨炯到盈川任首任县令时，就是坐船从这个码头上岸的。后人为盈川古码头取了一

盈川古码头

个很恰当的名字，叫“明月满川”。尽管盈川废县已一千多年，但这一景名一直流传到今天。

在这里，被明朝朱元璋贬为贱民的“九姓渔民”（陈、钱、林、李、袁、孙、叶、许、何），传承着前辈的以“渔”为业；清朝总兵罗大春为剿太平军携家眷从这个渡口下船，在盈川留下许多防御工事。

如今，随着陆上交通的发达，盈川码头的作用已不在，但古时下水的台阶轮廓仍被保存了下来，成为一处水文化遗迹，仿佛还在述说着曾经的繁华。

距离码头以西不远，是当时老衢县的第一机埠，20世纪60年代由苏联专家指导修建。灌溉面积曾覆盖高家镇、莲花镇和十里丰。

盈川机埠由两大两中四台抽水设备组成，结实的铸铁抽水管细的要一人围抱，粗的则要

盈川机埠外景

两人合抱，上下落差超过百米，这在当时应该是当之无愧的大工程。机埠专门安装了变压器，以供抽水足够的动力。在以粮为纲的20世纪六七十年代，这样的大家伙足以让当时的盈川人挺直了腰杆。

20世纪90年代，随着铜山源水库建成蓄水，盈川机埠的灌溉作用被取而代之，只在这村落的一隅与古码头遥遥相伴，述说着盈川水文化的古往今来。

如今的盈川古村落，依托水利部门实施的衢江水系综合治理，在保留古码头遗迹的同时，建起沿岸滨水长廊，同时配套江心洲建起杨炯清廉文化主题公园，结合村庄里唐代风格的建筑特色，形成独具唐风古韵的村落，成为当地“衢州有礼”诗画风光带建设中一处颇具人文特色的景点。

机埠抽水管

津渡帆影竞风流

灵山江古埠

孕育龙游商帮行天下

自衢州至兰溪

秋郊敛微雨，雾色澄人心。
振策率广路，逍遥散烦襟。
疏烟带平原，薄云去高岑。
湛湛水凝碧，离离稻垂金。
荠麦霜始秀，玄蝉寒更吟。
幽怀耿虚寂，好景自相寻。
心契清川流，目玩嘉树林。
歌传沧浪调，曲继白雪音。
仙山在咫尺，早晚期登临。

〔明〕刘　基

龙游灵山江溪口段

平政浮桥

发源于浙西大竹海的灵山江被龙游人称之为“母亲河”，她一路南来，有时细语叮咚，有时涓流潺潺，有时狂放不羁，最后汇入衢江，融入滔滔钱塘江的大潮中。

如果要细细体味龙游的美，当地人一定会建议你去行走主流总长 88 千米的灵山江，因为这里承载着龙游人的记忆，有着浙西乡村少有的连片美景。

灵山江两岸群山叠翠，郁郁葱葱，水源丰富，川流不息，沿途孕育了马戍口、上塘、沐尘、庙下、溪口、灵山、石角等众多的集镇与村庄。

沿江区域内沟壑纵横，拥有良好的生态环境景观，还拥有元代姜席堰、寺后青碓遗址、南宋余端礼宰相墓、灵山村古建筑群、沐尘畲族古建筑群、沐尘塔、沐尘水库等，使这方土地充满文化气息和历史意蕴。

灵山江上的水碓

龙游古时水运发达，名扬天下的龙游商帮正

龙游渡口渡船旧貌

是凭借发达的水上交通而崛起。

在灵山江与衢江汇合处，以及对岸的衢江北岸，由驿前码头、茶圩码头和连接两地的平政浮桥构成了整个龙游水运系统最为繁华的中枢。三处遗产现已无存，遗迹尚在。

驿前码头实际上是码头群，位于龙洲街道驿前村，北临衢江，东濒灵山江，隔衢江与亭埠驿南北相望，历史上一直是对外交通、贸易的主要口岸。沿衢江自西向东折南至灵山江，近千米堤岸全用条石砌筑，历史上建有7个用青石板铺成的码头，依次为接官码头、背板码头、渡船码头（樟清码头）、天灯码头、厘金码头、后街大码头、犯人码头，还有百余亩水域的筏坞供木筏停泊。临衢江分前、后两街。前街有各种服务性行业的店铺，后街设有转运行、货栈、铁行、粮行、纸行、烟行、车行、酒坊，还设有篾缆厂、箬篷厂等。临灵山江筑有两个码头，其中一个码头与后街大码头连接，专用于装卸山货。清末设有厘金卡，值百抽五。1929年、1931年两次特大洪水使码头受损，1955年特大洪水致使埠头倒塌、港口淤塞，随即废圮。现址为一片淤积江滩，生有杂树灌木水草和部分农作物。

平政浮桥在县城北衢江上，桥南端为驿前码头，桥北端为茶圩码头，历史上为连接衢江南北两岸的唯一通道。它始建于北宋宣和年间（1119—1125），元至顺初年（1330），达鲁花赤察儿可马曾修，此后修否无记载可考。至清光绪十四年（1888），知县高英捐俸为倡，复建浮桥，修凡百丈，博则三丈。1929年，茶圩码头被洪水冲毁大半，浮桥移至虎头山下，以船数十只横排江面，联以铁索，下垂铁锚，上铺厚板，供人车来往。1971年虎头山大桥建成后，平政浮桥遭拆除。

茶圩码头位于衢江北岸今小南海镇周红畈村后周自然村西南，与驿前码头隔衢江相对，并有浮桥连接。南临衢江，东濒塔石溪，为县北各乡镇的出入口岸。初名盐仓，因有储盐仓库所在得名。因衢江北岸所产茶叶在此集散，清咸丰元年（1851）改称茶圩。

明朝时龙游商帮崛起，县北商贾经营的北乡土特产和当地所需物资均于此经水道出入，自此码头规模扩大，街市逐渐繁荣，1930年前后设有警察分所。当时县内最大的汪怡泰米行设于此，另有米行多家，成为县内最为集中的米市。1926年12月、1942年4月，分别遭孙传芳部和日军洗劫，又遭遇多次洪水，屡废屡兴，直至1955年毁于特大洪水。

在驿前村中央偏北的观音殿前，有两块石碑相距约15米，左右相对而立。东侧石碑为“重修平政浮桥碑记”，记载了民国九年（1920）重修平政浮桥的史实；西侧石碑为“重修官驿前堤岸碑记”，记载了光绪十三年（1887）修葺官驿前堤岸的历史经过。两块碑刻虽历经百年沧桑，却仍保存完好，字迹清晰，是龙游水运交通的重要物证和宝贵研究资料。

灵山江中段至溪口镇石角村段，蜿蜒曲折，在一个叫石角斗的地方，江水突然由湍急变为平缓，这里是龙游商帮重要的古码头所在。

这里的灵山江，有竹筏漂流，可以垂钓，古埠头也进行了复原、修缮，与沿江铺设的游步道融为一体，江岸种满了红豆杉、紫薇树、桂花、杨柳、红叶石楠等观赏性植物。

石角村有400余户、1500余人，南宋余端礼宰相墓、状元桥等古迹述说着这里的历史。还有“石角八景”——徐山齐雪、元峰春色、石壁泛舟、幻潭烟雨、渡口归帆、双石乔松、阴桥红叶、龙井飞瀑，映衬了这个灵山江畔小村与众不同的气质。

石角村有不同姓氏110个之多，最大的姓氏是徐，还有闵、撒、虞、荀这些龙游、衢州一带都少见的姓氏，这都说明古时这里的商业繁荣经历了很长一段时间。在明清时期，这里就是浙西重要的陆路转水路的中转站，是农产品商品流通的要塞。

在灵山港右岸还有着一个重要的古渡——溪

口古渡。

《民国龙游县志》载：溪口渡在县南四十五里，渡灵山溪。《康熙龙游县志》仅列渡名。溪口老街是龙游商邦的发源地,有“铜钿银子落溪口”之美誉。老街初形成于明朝，清末发展到鼎盛，商贾云集，店铺林立，形成“一街八巷六码头”的格局。汤显祖每经溪口都会在此停留，并留下“谷雨将春去，茶烟满眼来。如花立溪口，半是采茶归”的诗句。溪口古渡因此带有浓厚的历史文化韵味。

近年来，经过系统修复重建，溪口老街修旧如旧，重焕新颜，溪口古渡作为老街旁的重要文化节点，也得到完整恢复。修建了埠头，下河石台阶，并立有石牌坊，上书一楹联“三溪入港行舟处；商贾如云走马龙”，生动刻画了当年物阜民丰、人流如织的盛况。

灵山江古时沿江遍布古渡码头，是两岸居民、商贾往来的重要水上交通设施。如今随着跨江大桥的兴建和河道沿岸整治，溪口渡为传承和弘扬灵山江水运文化提供了样板。

古韵今风话传承

地处钱江源头，独特地势赋予了这里的人独特的治水之魂，“一江清水出衢州”的源头担当似乎自古便刻进了三衢记忆里，通过工匠技艺、乡民公约、制度法规等，把这方土地对水之敬畏和对生态之保护表现得淋漓尽致。

开化正堂示碑

钱江源头古代水法规探源

山，是青黛葱茏；水，是明净灵秀。

千百年来，位于钱塘江源头的山城开化，与水结下了化不开的因缘，至今依旧在演奏着一曲曲关于水的咏叹。

循着历史的汤汤之水而上，那些古人治水的往事，历历在目。

源头春色

秋意源头

缘起：因坝生隙

那是清嘉庆年间，一个月季初开的时节，画眉在芹江边悠闲地鸣着，殊不知咫尺之遥的纷争正拉开了序幕。

原来，开化城东的庄门桥与上溪二村，因为用水起了纷争。上游的庄门桥，因村口的砖桥而得名，桥下的湘溪水经年累月地从庄门桥村流往上溪村，蜿蜒曲折，同饮一江水的两村几百年来相安无事，却因一道堰坝打破了平静。

这道堰坝是庄门桥村修的，为的是村里农田的灌溉；而上溪村的村民则认为这道坝分走了水源，影响了自己村的耕种。

世上的争执总缘起于各方执着于自身的利益，两村用最原始的手段开始了拉锯赛：下游的村民三天两头去挖坝，上游的村民就不断去修坝。一来二去，抬头不见低头见的两村村民也成了一见

《正堂示碑》

面就红眼的冤家。

解题：以碑立法

在两村族长沟通无效后，难题被“踢”给了开化县衙。据考证，清代及以前，水利禁条、规章执行及水事纠纷调解主要由地方官衙负责。而被交给官衙来断案的，大多也是乡规民约及宗庙祠堂解决不了的纠纷。

为了解决这场纠纷，当时的开化县衙也颇有智慧，用了一种简单又平衡的方式：在保护堰坝灌溉农田的功能不被破坏的前提下，定期放水、疏导清淤保证下游用水。

为了晓谕百姓遵守执行，也为了维护工程设施和用水秩序，开化县衙用了那个年代特有的一种方式：以碑立法。

石碑被立在了庄门桥村的那座砖桥边，青石质地，宽 0.67 米，高 1.76 米，厚 0.12 米。碑首上刻着“正堂示”三个大字。碑文如下：

碑特授浙衢州府开化县正堂加五级记录五次又军功加一级，随带范。

为严禁强挖等事，据一都门桥庄内坂农民余英玉等，控刘子达等衔伊龙潭口老堰争挖右龙源水一案，业经本县断：令内外两坂各举堰长一名，专司启闭，不得争挖。在案兹据门桥庄地保江朝霞举报，良民江连椿充当内司，上流下接以滋灌，毋放外坂强挖失水，如遇堰有坍坏，立即整修，沟有淤塞，上紧疏通，不得坐视自误，田畴照例。八月初一日开堰，四月初一封堰，毋得偷放竹木，射利害农，倘外坂棍德，如有违断挖坝，致水两失者，许即指名赴县禀明，凭尽法究治，决不宽贷，各宜凛遵。

持示

右仰知悉

清嘉庆十三年四月十七日给

启示：以德治水

时光如白驹过隙，而今已两百多年过去，这块正堂示碑依旧伫立村中，无时无刻不在提醒着每一位桥上路过的行人，那段往事，那个契约，那些智慧。

在古代圣贤眼中，水乃自然界最具德行的产物，老子云“上善若水”，其美在“清澈明净、自污洗垢”，其德在“安于卑下、屈居下流”，其智慧在“随方则方、随圆则圆”，其包容在“纳百川而融会贯通”。

据《开化县志》《方氏宗谱》的记载，古代开化人民对治水的精神非常赞赏。就有宗谱曾记载，在王母尖这个山上，曾经立过禹碑，这块碑就是赞赏大禹治水的精神。人们往往能从祖先那里得到最深刻的启示。大禹治水，用疏导而非壅堵，这或许蕴含有更深层的含义。水是世上的至柔之物，如何治理它，令它为民所用，则需要治水者拥有水那种方圆随形的智慧。

开化封山碑

源头山区的水生态理念萌芽

层峰叠嶂，林木葳蕤。溪水潺潺，鸟语花香。

生态环境一直是千年古邑开化的禀赋。这不单是大自然的馈赠，更与这方土地世代子孙的生态环保意识密不可分。开化人的血脉中始终涌动着热爱自然、亲近自然、崇尚自然的天性。

数百年乃至更早之前，勤劳质朴的开化人民

碧水曼纱

古田瀑布

就感知万物有灵，认识到“山水林田湖草”是戚戚相关的生命共同体，便开始探索以制度保护生态。

民间共识：封山育林护水口。

水，乃生命之源，傍水而居是大部分传统村落的共性。村子水流的出口之处，便是“水口”，这一独特地理景观往往会成为一个村子的形象代表。对于村中人而言，保护好水口，就是在保护一个村的精气神。在开化民间，素有封山育林护水口的传统，种植、保护“水口林”蔚然成风，唐柏、吴樟、宋松、元楠等古树名木在许多村的“水口林”成了一道道独特的风景。

在开化县城南郊的青联村，有一块立于清嘉庆二十三年（1818）的封山碑，碑首刻着“禁碑”两个大字，碑文记载着关于保护“水口林”的一段往事。

“立禁约三十都青山庄，缘本村南山聚族杂木

封山碑

遮护水口，近年以来屡次偷砍。为此，会同众等商议，重申严禁。不许大小登山砍柴，割草挖根。自禁之后，丫枝毛草不许拔剃，永远保留。如有犯者，公议罚款一千文，存众公用，倘不遵罚，禀官判处，决不徇私。为此勒石示禁。”

字虽不多，但句句铿锵有力。显而易见的是，此碑因人们偷砍水口林而起；经过村民的集体民主商议后，订立了石碑上的“环保习惯法”，类同于今天的村规民约。

杀猪封山：赏罚分明成习俗。

之所以要立碑封山，是为了告诉所有人，“环保习惯法”一旦颁布，就被严格执行，如有人违犯，不管男女老幼、尊长卑幼，统统要受罚。处罚的办法也要严格依靠环保习惯法上的罚则进行。例如此碑上所言的“公议罚款一千文”“禀官判处”。

除了对肇事者罚款、交官处理之外，开化民间还有“杀猪封山”“吃封山饭”的习俗，即一旦发现谁在禁山区破坏林木，就要罚肇事者把家里的猪杀掉，在村里的祠堂里宴请全村人吃一天，以警示他人。

有罚也有赏，在开化的苏庄镇、村头镇等地，还有“封山节”的习俗，即村民们约定在每年的某一天（春节、中秋等），由集体出钱买猪、杀猪，再把肉分给村民们吃（每户一斤左右），吃了这口肉，就必须遵守保护山林的规定，否则就要重罚。

不少地区的“封山节”还发展出了自己独特的仪式，鸣炮、奏乐、祭祀、宣读封山村约，浩浩荡荡的巡游队伍一路高呼“封山喽”，行至封山碑前，揭开红布，展示封山禁约，并在山路边种上树，颇为隆重。这天，村里无论男女老少，都会前来参加，以表明村民的封山决心，表达对自然的敬重。

代代守规：好山好水用心护。

除了“封山碑”，开化各村还保留着“禁渔碑”“禁采矿碑”“放生河碑”等古碑文物，无一不是钱江源头山区百姓呵护绿水青山的真实写照。

“先王之法，不涸泽而渔，不焚林而猎”，这些数千年前就已经亘古不变的古老格言，再一次从这些古物上折射出智慧的火焰。

时至今日，那颗捍卫水域生态和谐的初心依旧延续了下来，那些村规民约中的强制性规定早已内化、升华成了人们精神上的尊敬与爱护，也在生生不息地描摹着祖祖辈辈对这方土地一草一木和万千生灵的热爱与尊敬。

当你徜徉在钱江源国家公园，全身心地抱拥大自然，便不难理解，为何环境保护会成为开化人的理念、意识与信仰。因为正是守得这好山好水，大自然便报之以无限的诗意与灵动，造就出这独一无二的家园。

江山清代碗厂水循环利用系统

古人的『节水』智慧

三卿口

三卿口里驿偏通，莫是桃源花未红。
万溅声穿石子下，双镵径覆竹阴中。
加裘转觉肤生栗，娱眼才疑色不空。
忽悟浙东西尽处，图穷叫绝画师工。

〔清〕朱　筠

清代碗厂之沉淀池

清代碗厂之水碓房

司马光曾言：“地力之生物有大数，人力之成物有大限，取之有度，用之有节，则常足，取之无度，用之无节，则常不足。”一个“节”字，便是江山人在治水时使用最为频繁的人生哲学。

三卿口，位于江山市江郎山和仙霞关之间，因是中国早期青花瓷的发祥地之一而闻名，有着中国现存最古老的窑址。青花之美源于水的调和，在小溪湍流处有一个叫作碗厂的自然村，一片错落有致的夯土墙老屋旁纵列着十余架木制水碓、层层叠叠的泥池，那便是一套水生态循环利用系统。

依山就势，因地制宜

三卿口所在地，不仅分布着陶瓷原料高岭土，而且汇聚着湍急的溪水，顺势奔涌的充沛水量，

清代碗厂之淘洗池

为转动水碓提供了动力。

清咸丰九年（1859）编纂的《须江窑村黄氏族谱序》记载了这样一个故事：清乾隆年间，居住在碗厂的黄氏族人沿溪利用山势，在蜿蜒曲折的小溪旁砌筑了7组淘洗池，用于淘洗瓷土，并利用智慧创造了一套水生态循环利用系统。

淘洗池都用毛石干砌成，由淘洗与沉淀两个功能区组成，每组由4至7个单池连贯组成。现存比较完整的淘洗池有3组：一组由5个池组成，总面积70.24平方米；二组由6个池组成，总面积100平方米；三组由4个池组成，总面积65平方米。

淘洗池也有粗细之分，一般粗淘洗池面积较小，有的仅8平方米，部分有单池和双池之分，双池间开小口相通。将粉碎好的瓷土倒入粗淘洗池中，引入山溪之水入池进行搅拌，使之混浊，而后用人力提灌或水力传送至细淘洗池。细淘洗池如为双池者亦有小口相通，细淘洗池与沉淀池的连接处有浅浅的水槽相沟通，蜿蜒曲折地将淘洗好的细泥浆流送到沉淀池。沉淀池一般都为双池，其深度深于细淘洗池，面积最大，两池分别与流浆浅沟相通，进口处各设木闸，先浇满一池，拉开木闸再浇第二池。沉淀池的另一端又有出水口，将池内上层沉淀出的清水利用山势的地理优势经水沟引回粗淘洗池，充分利用水源。沉淀池的底边有出浆口，可将沉淀好的泥料流入一座更大的干燥池中进行脱水处理。

循环多次，重复利用

瓷土的淘洗程序分为粗淘、细淘、沉淀三道工序，因此一套完整的水生态循环利用系统就此诞生。粗陶洗池与细陶洗池紧密相连，利用水能的流动性提高了生产力；细陶洗池与沉淀池相连，利用水与泥土的比重不一样，让水资源得以利用后不被污染；沉淀池又与粗陶洗池相连，充分让水资源再利用，循环多次，重复利用，最后经过最下面一组淘洗池的沉淀池沉淀后排入小溪。合理利用水资源，充分发挥水资源的生态效益，不仅达到了经济效益和社会效益，还保护了生态环境。

沉淀池采用双池过滤系统，最大程度循环用水，废水再利用，保护水资源不浪费。利用沉砂池沉淀原理，保护水源不被污染外流。充分体现了古代劳动人民对水资源利用的超群智慧与精湛技术，也体现了古人对水资源保护的重视，值得当今学习与借鉴，非常具有保护与研究价值。

江山重修马迹堰碑记

古代水利工程管理如是观

江山的母亲河须江发自仙霞岭的崇山峻岭，蜿蜒数十余里直达到一个叫作礼贤的村落，附近8万余亩的田地都仰赖须江之水灌溉。在距今近700年前的元至顺年间，这片土地的先人在此垒石筑起了马迹堰，并分为“上马迹堰”与“下马迹堰”。几番风雨，迄今，这方古堰仍在造福百姓。

关于马迹堰的往事，村中现存的两块石碑《浙

下马迹堰

马迹堰碑

衢江邑蔡侯碑文记》与《马迹堰碑记》依旧在诉说。

《浙衢江邑蔡侯碑文记》为江山知县徐士庆写于明代崇祯二年（1629），他回忆马迹堰建成后的三百余年里一直平安无事，直到崇祯元年（1628）的农历七月，洪水横流，巨浪滔天，那些历经了三百年的垒石挡不住怒波之冲，最终堤坝坍圮。到了农历九月，当地又遭受了干旱，为了保住自家田里的收成，堰坝上下游村民们开始抢水，最终兵戎相见，出了人命。村民将案件禀报给官府。

徐士庆实地走访了马迹堰的上下游，听着乡亲的哭声，看着死伤的村民，望着干涸的农田，这位县令痛心疾首："我管理这方土地，如果不担负起责任，还算什么县令？"于是他召集了百姓共谋解决的方法。最终，大家决定共同重修堰坝，只有让庄稼重新焕发生机才能告慰死者的在天之灵；其次才是惩罚争端，解决方法就是让挑起事端的上游村子承担修复堰坝的全部费用。上下游百姓听了都认为这个方案公平。

为了铭记这一次教训，官府在此立碑定下契约，让上下游的百姓记住要和谐相处，多换位思考对方的利益，为了彼此的生计而多礼让。

而成于1901年的《马迹堰碑记》则记录了光绪年间集资重建马迹堰坝之事，涉及马迹堰的产权、管理、费用摊派等内容，是研究古代农业生产的实物参考资料。

1949年后，当地于1963年对上马迹堰进行加固。1974年，改建下马迹堰，堰址下移50米。

时至今日，礼贤老街的青石板下，还流淌着从上马迹堰引来的渠水，这条长渠哺育着鳞次栉比的老街人家，和那道承载了有礼哲学的堰坝一起，维系着百姓们的手中粮、盘中餐。

江山白马官泉

四时不竭　荫田甚广

千年以来，有人以《水经》为注，有人用风水谈玄，留下了太多关于水的思辨。春秋时期，“杼井易水，所以去兹毒”，或许这是祖先最早关于庇护水源的记载。翻阅《易经》，“井”字一卦赫然在目。《系辞传》曰：“井，德之地也。”诚然，为了让日常生活可以长久维持，井就如人的德行一样，

白马官泉全景图

白马官泉刻碑

要细心呵护。而在古时的江山，与百姓休戚相关的水井，也是人们最重要的生活来源。

因地下水丰沛，江山现遗存有100多口古井，建造时间绝大多数为明清两代。在江山市双塔街道岩下上村自然村的村头大樟树下，有一口白马官泉，泉边的石碑上，记载着一段与“德”相关的佳话。

原来，白马泉自古是江山西北郊区的重要水源，明《天启江山县志》载:“白马泉在真岩下，百泡腾沸，水分八、九二都，灌溉甚溥，承其浥注，凶岁不旱。山后有泉从十六都长丰出，彼此互相盈缩，俗呼为雌雄泉。”

然而，即便是终年涓流不息，白马泉也难以承受灌溉上千亩田地的重负。尤其是到了用水季或大旱年份，常常引起用水纠纷。

明隆庆六年（1572），时任县令的邵仲禄主持丈量田地、山场、塘泉，进展顺利，唯有白马泉使当地百姓争执不一，因为该泉“四时不竭，荫田甚广，故众皆争之”。邵公亲自前往白马泉踏勘，召集当地父老商议，多次调解后，最后确定将该泉收归官有，命名为“白马官泉”，并由政府出面组织修筑水坝水塘水沟、疏浚河道、挖深河床等，不到一年时间，白马官泉的灌溉水利工程终于完成。为了保护这项惠农助农的民生工程，政府下令上游者不得截水，下游者不得筑坝，百姓皆服之。

到了清朝康熙五十二年（1713），白马泉纠纷又起，为了调查事实原委，江山知县汪浩亲勘现场、深入群众、查看前朝旧县志，花了一番心血最终断案，并将经历写进了《白马泉勘案》，体现了为父母官者公正之德。

如今的白马泉保存完好，泉水清澈见底，时能见到清泉上涌。泉眼四周用山石整齐砌成，泉水依旧沿着灌溉系统，滋养着下游的大片农田，造福着一方民众。这里也成了一处旅游景观，引得游客纷至沓来。正所谓：今日游人观胜迹，犹夸史禄造河功。

龙游沐尘泉

寄托余绍宋家国情怀

沐尘泉

沐尘去郭远，山深绝嚣纷。
双溪绾其前，列嶂封其津。
田庐忽开朗，鸡犬自相闻。
松竹四山合，烟雨一溪屯。
风物似桃源，相传可避秦。

〔民国〕余绍宋

沐尘泉

沐尘泉

沐尘，龙游南部一个很美的畲族乡，就跟它的名字一样，干净、透亮、舒畅。“尤喜此村名，情绝世无两”，这是民国学者、书画家余绍宋先生的诗句，看得出来，他是喜欢沐尘这个地方的。

在乡政府附近的村口公路边，有一处沐尘泉。泉并不起眼，长约两尺半，宽不足两尺，全石为底，四周以块石和鹅卵石混合砌成，一泓泉水，深不盈尺，却异常清冽，阳光直透水底，底石裂纹和苔痕历历分明。泉边的碑上，有余绍宋先生题写的“沐尘泉”三个斗大的隶体字。左下方则以行书题跋：“此泉至清，予避居沐尘常汲饮之，真堪沐吾尘俗也，因以名焉。己卯春余绍宋。”跋为行书。

泉水无言，扬清激浊，一段历史记忆涌起……

铮铮铁骨，毅然拒寇

1937年，日本发动侵华战争后，日寇铁骑肆虐，生灵涂炭。因为余绍宋先生早年曾留学日本，就有人多次放出风声，欲邀余绍宋“叙情共事”。对此，余绍宋先生表现出了铮铮铁骨，他严正声明了自己的态度：“死亦奚足惧，所忧被挟持。”他毅然抛弃了大城市里优渥的生活和家产，举家从杭州回到故乡龙游沐尘避寇。

余绍宋

他毅然写下“汉贼不两立，誓复我故疆”，表明“虽死莫悲伤”的决心。对那些叛国投敌者，他流露出无比的愤慨："衣冠傀儡今更多，江淮日日愁风波。"他还借一妇人之口，发出"降人岂可为，国殇世所钦，死生刹那间，毋为妾沉吟"的忠告。

托物言志，借景抒怀

避居沐尘期间，余绍宋走出书斋，融入这里的山山水水、人文物景，游乌石庵、登塔山、踏竹浪，访凝和阁、汲沐尘泉，结新朋、会旧友，创作了大量的诗文与画作，托物言志，借景抒怀。其中，1941年春所作的《沐尘岁寒三友图》——《乌石老松》《斋后丛竹》《溪边老梅》更是为世人所赞，配以诗作，吟咏抒怀，寄托其对亲人的思念、对家国的衷肠。

和当地村民一样，日日喝着泉水的余绍宋先生对沐尘泉情有独钟，不仅为泉题碑，还自喻为此泉的"知音"，作《沐尘泉》五言长律以纪其事。他还曾把沐尘比作陶渊明笔下的"桃花源"。他曾翻遍古籍旧志也不能解释的"沐尘"之名，到了沐尘泉下，陡然领悟到泉水能洗去尘俗。

忧国忧民，共赴国难

避居沐尘，余绍宋爱民之心可见一斑。他任浙江省赈济委员会常务委员兼难民工厂监察人时，在赈恤灾黎方面做了不少工作，并赴各地查赈。

余绍宋对山河破碎的民族苦难更是忧心如焚。"树下杜鹃开，树上杜鹃来。相逢两凄绝，血泪一堆堆。"他借杜鹃抒怀，对抗肆虐于中华大地的侵略者。

1942年夏季，一支日寇部队闯进沐尘，在村庄盘踞了三天，烧毁多幢民房、祠堂，杀戮村民。身在遂昌的余绍宋闻此讯悲愤万分：“从兹故里无完土，何事吾家尽敌人！”他满含深情写下的《征夫征妇词》，就如平常的夫妻对话，却撼人心魄地揭示出民族力量之所在：

征夫语征妇：

虚荣非所图，但使得功成，宁恤我骨枯。

征妇答征夫：

既去弗复悲，一息苟尚存，视此褓中儿。

避居沐尘期间，余绍宋与战友的感情也在共赴国难中不断加深。自 1937 年迄 1943 年辑录诗作 400 篇，字里行间迸发着爱国爱乡之情。

水是柔和的，也是坚韧的；水是仁慈的，也是无畏的：就如生活在这片土地上的人。

一泉养一方，泉与村相依不偏废。时至今日，沐尘泉依旧以它的清莹甘洌，涤荡世间心源尘埃。

衢州罗汉井

永志不忘的衢州之殇

一口麻石条砌成的古井，
一条百余米长的小巷。
承载的，
却是这座城市被战争羁绊的历史。
枝丫藤蔓带着坚硬的芒刺，
蔓延到这个城市的每个角落，

侵华日军细菌战衢州展览馆　谢丹摄

罗汉井近照

老人们身上的伤，
犹如散不去的霾，
罩在古城每个人的心上，
这一罩就是八十多个春秋。

相传为免疫消灾而修

罗汉井坐落在衢州古城区，井圈外方内圆，外径 43 厘米，内径 29 厘米，深 4.5 米，井水清澈。

关于井是何时所修，何人所修，众说纷纭，也无从考证。

民间相传，古时罗汉井巷里有一位长者，一天晚上梦见了一名罗汉。罗汉对长者说：“这条弄堂要在太阳升起的东头修一口井，饮用这口井里的水能免疫消灾。”或许当时的衢州正遭受着时疫，弄堂里的百姓相信是神灵的指示，便一起出钱出力修建了这口井。

这口井能不能免疫消灾已经难以求证，但罗汉井确曾是衢州的兴盛之地，城里的名门望族都聚居在此附近。除了四大家族之一的王氏，这里还是曾经以杨振益红纸店闻名衢州的杨氏故居所在地。据杨氏后人相告，这口井的神奇之处在于从上午吊水到凌晨两三点钟，水吊上来都是清澈的，吃不完、用不尽。也正是这口井，解决了附近上万人的吃水问题，成了古城百姓心中的神圣之地。

日军细菌战鼠疫暴发地

可谁曾想到，这口寄托着免疫消灾愿望的古井，会成为侵华日军散播细菌战鼠疫的原点。

为对“四省通衢”的军事重镇衢州进行打击，1940 年 10 月 4 日上午 9 时许，一架日军飞机从衢州古城上空掠过，沿着罗汉井、水亭街、美俗坊一带投下大量带有鼠疫病菌的麦粒、小米、棉花、跳蚤和传单等物品。11 月 12 日与 13 日，柴家巷 3 号居民吴士英、4 号居民郑东第，以及罗汉井 5 号居民黄廖氏相继发病，并相继死亡。现衢州市档案局仍保存着这样一份档案：罗汉井疫户黄权，7 日内一家死了 3 口人，房屋被烧毁。黄权无奈之下，只得向当局提出救济申请。

这是日军在我国南方地区以空中投撒方式，实施细菌战的肇始。此后，伴随着日军的多次轰炸及两次攻陷衢城，日军在衢州地区先后发动了包括鼠疫、伤寒、炭疽、痢疾等在内的多项细菌战，造成1940—1948年衢州地区流行性疾病暴发和大流行。8年内，衢州患上传染病者达30万人以上，病死者在5万人以上。衢州地区成为遭受日军细菌战灾害最严重的地区之一。

铭记伤疤，自强不息

1998年清明节，罗汉井侵华日军细菌战受害区遗址竖起了"铭记碑"。2005年清明，侵华日军细菌战衢州展览馆于罗汉井5号落成。在这座砖木建筑里，参观者能触摸到衢州最沉痛的记忆。

在馆内的大理石矮墙上，有一份黑底金字的名录，记载着自1940年起衢州市细菌战受害者的部分名字。这些因鼠疫、炭疽、伤寒、痢疾等疾病而戛然停止的生命，只能以一个个名字的形式，痛诉着日本侵华罪行。

展厅内，大量珍贵的历史图片资料充斥眼帘，它们讲述了侵华日军细菌战的缘起、细菌战中所使用的细菌武器、日军筹划细菌战的过程……这片土地遭受过的苦楚迎面而来。

"前事不忘，后事之师""牢记历史，不忘教训"……留言台的本子上，各种的字体承载着人们观展后的思绪，凌厉地仿佛要破纸而出。

罗汉井5号震动着来访者内心，如同那些逝去的生命所期盼的，当人们享受着和平幸福的光景，仍旧应将"勿忘国耻，珍爱和平"镌写于心。

南坞八角井

江山四绝之一

江山有段顺口溜，说的是旧时的“江山四绝”：“官溪祠堂，南坞的井，新塘边糕，礼贤的饼。”可见凤林镇南坞村的八角井是出了名的。

该井占地面积 45 平方米，始建年代不详。八角井的井壁用鹅卵石砌成，井面铺设条石。井台用的是细条石。外沿呈长方形，边长 4.8 米。井

南坞八角井近景

南坞八角井

栏为八角形，边长0.75米，井栏上设有8根立柱，立柱上端镌仰覆莲花，柱身有清代和民国时期重修题字。

井深3.1米，井中水质清冽，还有数条鲤鱼嬉戏，据说井水冬暖夏凉，旱不枯涝不溢，成为千古佳话，并被村民使用至今。

传说多样　令人称奇

南坞八角井有不少传闻故事。《八角井的传说》《八角井乌焦鱼的来历》《郦道元掘井奇妙》，都与此井有关，读后令人感到神奇。

据说，1942年日军侵占江山的时候，曾到过南坞村。日军看见八角井里有鲤鱼，就设法抓了几条，点了火放在锅里煎，煎了一会，柴火没了，就出去找柴火，回来时发现锅里的鱼已经不翼而飞。原来这鱼又回到了井里。所以今天井中的鲤鱼中，有几条半边是红色的，另半边却是黑色的，相传就是被煎过的乌焦鱼。

又传，这井是由北魏著名地理学家、水利学家郦道元指点开掘的。1500多年前，郦道元路过凤林镇南坞村、新塘边镇樟柏树底和新塘边村，见村民饮水困难，就为这三个地方勘定井址，指点开掘。完工后，他又叮嘱加盖密封，满30天才能开盖打水。郦道元走后，樟柏树底村民性急，29天便打开井盖，水深仅及井底，须用长绳吊水。新塘边村民第30天开盖，短绳就可打水。南坞村民第31天才去开盖，清泉已从井口溢出，伸手就可取水。

一村两祠　源远流长

八角井毗邻村中的杨氏祠堂，而南坞最令人称奇的，是一个村落，一个姓氏，拥有两座宗祠，分别称为内祠堂与外祠堂，彰显着宗族和古村的荣耀。

杨氏外祠，地处南坞村口，建于明嘉靖年间，清乾隆年间重建，坐北朝南，面阔30.92米，进深50.35米，占地1500平方米。主轴为门厅、戏台、中厅、寝堂，另附两个院落，建筑规模宏大。门厅是七开间楼屋，背面向天井凸出歇山顶戏台。外祠不仅高大宽敞，豪华气派，而且雕刻精细，图案栩栩如生。横梁、额枋、牛腿、雀替木雕，双龙戏珠、仙鹤、凤凰、狮子、麒麟、梅花鹿等瑞兽图案，以及八仙过海、山水花卉等绘画，无一不是艺术精品。

杨氏内祠，坐落村中心，建于元代，明万历年间重建。内祠坐东朝西，三进三开间四天井，两厢房，马头墙，硬山顶屋面，砖木结构。门祠内雕梁画栋，砖雕、木雕、彩绘相得益彰，花鸟虫鱼，人物故事，交相辉映。

两宗祠在2013年5月列入全国重点文保单位。在许多地方，现存下来的古祠堂如今只剩被游人观赏，但在南坞村，两个祠堂至今依然在发挥着它们的作用。

每年农历三月初三，全国各地的杨氏子孙都会不远千里，回归故里，祭拜先祖。祭祀活动仪式庄重，程序严密，迎祖巡游，祭拜祖宗。至今，南坞村的祭祖活动已经传承了八百多年。

衢江区李泽村古井群

斑驳岁月的见证者

古　井

百尺青梧桐，下有寒泉井。
分明古镜中，照见梧桐影。
朝汲水花清，暮汲水花冷。
愿持沆瀣杯，远寄蓬山顶。

〔宋〕郑　獬

李泽古井群之双眼井

李泽古井群之双眼井

从群山中吹来温柔的风，一条“锦鲤”摆着胖乎乎的身体正奋力向风来的方向游去。小木桶撞到水面的扑通声惊醒了这尾“锦鲤”中的李泽村。

清晨，村子刚醒过来，一名年轻男人来到井旁，将一个系着长绳的小木桶慢慢探进井里，随后用力一甩，小木桶便一头扎进水里，再用强劲有力的胳膊收回绳子，收绳子的身影在斑驳的日光中似与什么重叠了。

水生：迁衢之始

武皇登基后改国号为周，对李唐宗室进行追杀，唐高宗第七子李烨避祸来到福建长汀团岭，后辗转迁到衢州。据《石屏李氏宗谱》记载：“始祖烨公迁衢之始，相其山川，观其流泉，卜云其吉，而则居于石屏，夫屏以石名，已兆苞桑磐石之祥，则吾族不患子姓之不蕃。”

石屏（今衢江区峡川镇李泽村）被李氏视为福地，李烨一脉定居时水流丰沛，但之后水流资源缺乏，李氏族人便挖井以取水，于是李氏一族的命运和井一般兴旺了起来。辈出的李氏人才也好似这一汪汪清水，勤勤奋奋做人，清清白白为官。

水起：一清如水

坐落在“锦鲤”鱼眼之位的李氏宗祠占地574.95平方米，始建于明代宣德六年（1431），供奉着李烨、宋代丞相李宗勉、明代清流县令李庠等李氏先人。

《宋史》评价李宗勉，“守法度，抑侥幸，不私亲党，召用老成，尤乐闻谠言”，并称他为“公清之相”。李宗勉死后，宋理宗赵昀赠他为少师，谥文清。

李宗勉累官左丞相兼枢密院使，以光禄大夫观文殿大学士致仕。为官期间，敢于直言，揭露李全割据谋逆的行为，秉承“守公道以悦人心，行实政以兴治功，谨命令以一观听，明赏罚以示劝惩”原则。李宗勉有着远大的政治抱负，并有一套自己的治国理念，而他的清廉也被世人称赞。

清代的《汀州府志》有记载：“李庠，西安（今衢州）人，永乐间进士，令清流。邑毁于寇。庠至，新县治，建学宫，又为之均差役，严课士。凡十五年，始终如一。民至今思之。”正是李庠来到后的励精图治，才让被倭寇毁灭的清流县恢复了往日繁华。以至于当地百姓过了百年依旧思念他。

水流：上善若水

现如今，斯人已远，徒留村内一口口古井穿越时空与当地村民相伴。李泽村古井数量众多，分布在村民院内和路旁。据记载，有李厅后井、李泽村井、李泽村双眼井、李恭义井等，现李厅后井、李泽村井、李泽村双眼井保存较好。

李厅后井是现存最古老的一口水井，相传建于宋时，井壁用花岗岩石板铺砌，外长方形内圆形的花岗岩井圈。

李泽村井建于清早期，圆形花岗岩井圈，磨损严重并有人工凿的小石孔，井圈外地面用石板铺砌，石板中间凿成排水凹槽，井内壁用石块砌成，井水清澈见底，仍在使用。

双眼井建于清代，井圈外方内圆。名字来源有两种说法：一说为井圈有两个圆洞眼，可能用于装木架子提水，故名双眼井；另一说则是此处原先有一大井，有两个井圈口，故称“双眼井”。双眼井到现在井水依旧清澈，仍供村民生活用水。

李氏后人勤恳劳动，家族蓬勃发展，走出了“公清之相”李宗勉、清流县令李庠等人，李泽村别致的古井群里叮咚清脆的声音正跨越时间诉说着历史。

柯城寺桥

藏在光影里的小桥流水

寺桥为柯城区石梁镇双溪村其中的一个自然村，正如其名，一寺一桥，勾勒出古村雅致之美，潺潺流水中，仿若大山中一场未央的酣梦。

寺：曾受帝宠，盛极一时

寺桥的寺坐落在西岸山脚下，名为资忠显亲

石梁溪寺桥

石梁溪寺桥

禅寺，又叫资忠寺。虽然如今的资忠寺规模不大，仅剩 380 平方米，但历史上古寺曾受帝宠，盛极一时。

据清《康熙西安县志》载，这里的古寺是宋熙宁年间（1068—1077）枢密何公所建。明代《衢州府志》及《民国衢州志》均载绍兴十九年（1149），宋高宗赐额“资忠显亲禅寺”。康熙三十一年（1692），天宁寺（注：坐落在衢州城中）僧普行募化重建，之后天宁寺僧勤生续建。据当地老农传，古寺建筑达数千平方米，僧侣曾达 600 人。当地传说太平天国期间，寺被战乱毁。现存寺院是清代同治八年（1869）天宁寺僧德海率众僧募化重建。

寺中原有两尊巨钟，在衢州也较有名，先后毁于民国战乱及 1958 年间，民间俗称“天宁寺的鼓，资忠寺的钟”。

桥：造型秀美，与树对景

寺桥的石拱桥也是地标，因处在资忠寺前而得名。此桥始建于清道光元年（1821），由大邱（今七里乡大头村）财主王丕承出资建造。寺桥东西横跨大头源溪流之上，为麻石垒砌券拱。桥长22米，宽4.3米，桥两侧分别用卵石及麻石构石阶七步，桥面以麻石铺面，中心成回字形，千斤石居中，是古人遇水架桥、畅通水系的经典建筑，有效避免了因桥洞过低而阻碍大俱源行洪。桥拱呈半圆形，整座桥梁在两岸的古樟树衬托下，格外秀美。古桥做工精制，用料讲究。据传，此桥用料是从一块巨石中采集。是目前衢州市保存最为完好、年代较长的石拱桥之一，具有较高的文物价值。此桥为单孔石拱桥，造型优美。

村里的老人最喜欢的便是徜徉在古桥周围的游步道，看着古桥四季变换，体验着生活的幽静自然。古桥边有两棵大樟树，樟树也有公有母，这对夫妻树就像古寺桥的保护神，成为寺桥村的一张金名片。

如今，寺桥水库正在紧锣密鼓的建设中，相信数年后的寺桥，将以一种全新的容貌，留住那片最美的眷恋。

衢江区小湖南廊桥

大山深处的『守镇者』

湖南八吟·板桥

来往劳劳折柳忙，板桥一片不封霜。
东风满地飘晴絮，欲送行人到括苍。

〔清〕孔传曾

小湖南晨色　柴子峰摄

小湖南廊桥

远看似阁楼，近看是桥亭。

几百年来，全身硬木搭建的小湖南廊桥横跨湖南溪，伫立一方，它就像隐藏在这大山深处的“守镇者”，保护着桥上路过的行人，也保卫着小湖南这个小镇。

戍边：保卫衢县

小湖南镇位于衢江区西南部，乌溪江中游，北距衢州府城 34 千米，东南方向与遂昌水路相连，而小湖南廊桥是通往遂昌大路的要冲，仿佛士兵一样守护着小湖南镇。

《衢江区第三次文物普查》记载，小湖南廊桥始建于清乾隆年间，清咸丰八年（1858）焚毁后重建，木结构廊屋桥，南北走向，横跨湖南溪，全长 25.5 米、宽 2.85 米。分布面积 72.68 平方米。1996 年公布为县级文物保护单位。

小湖南廊桥

明间为上下廊桥的通道，后檐骑廊之上屋面

小湖南廊桥

与桥廊屋面直角相交，前檐墙中辟券门式桥门洞，门洞上方墨书“固吾圉”三个大字。“固吾圉”中的“圉”字，有边境之意，“固吾圉”即为巩固边境，桥额“固吾圉”当有保卫乡土之意。

若有贼人试图从水路进攻小湖南镇，廊桥首当其冲。廊桥两岸采用当地的河卵石砌筑成驳岸，在驳岸上用纵四横三排列的圆木作二层向溪心悬挑，以支撑圆木桥平梁，平梁之上铺设木板桥面。之桥上架以七间五檩四柱廊屋，为抬梁穿斗混合式梁架。

廊桥坚如磐石，像正在站岗的哨兵远眺，时刻注视湖南溪面，将小湖南镇挡在身后。

护人：遮风挡雨

小湖南廊桥除了有保卫乡土这份职责之外，还是当地乡民休息、交流交易的场所。

廊屋两边设坐板，廊屋正中间东面设神龛二座，西面栏杆之上装饰成三连壶门。桥廊南端建有桥门屋，桥门屋坐北朝南，七开间后檐骑廊式二层楼。明间东西两缝前后檐柱与中柱间设拼合板门，门内次、梢、尽间原为店铺，现已改为居室。

多年前的春末夏初的一个清晨，天气逐渐燥热起来，一个老乞丐趺坐在廊桥南堍的街沿石条上，只是头发蓬乱。不一会儿，一位中年村妇拿着一把剪刀，来为老乞丐剪头发。

据说，这个老乞丐是从开滦煤矿过来的，一次事故中因脑震荡而变成了智力障碍者，到处流浪。他出现在湖南镇四五年了，这四五年全靠老乡们救济。晚上或雨雪天，老乞丐就蜷缩在廊桥内壁的佛龛下。

行人也好，乞丐也好，廊桥从不吝啬，充当好遮风避雨的场所。

观光：振兴一方

随着社会和时代发展，小湖南廊桥逐渐成为一个旅游观光景点。

凉亭木桥，雕梁画栋，别具观赏价值。廊桥两侧各檐柱间设直棂栏杆，各廊柱间设有“万”字花纹，栏杆之上施“工”字纹花格窗，工艺精到，部分木柱上尚有朱红断白。

小湖南廊桥为伸臂式木廊桥，该桥两端泊岸用横三纵四相叠的排木逐层向河心伸出，桥面用四根橡木平排架于南北两岸桥墩上，其上再平铺一层木板，以承托木梁桥面及桥上廊屋，桥上廊屋共计七间，硬山顶，工艺精巧堪称一绝。

廊桥于 2009 年 10 月进行过一轮修缮后，吸引了更多游客前来参观，在乡村振兴、共同富裕的征程上，扮演着越来越重要的角色。

江山水安桥

遗落在大山里的梦

清晨时分，一缕缕阳光划破厚厚云层，洒在雾气缭绕的水安桥周边。静坐在水安桥上，呼吸着清清凉凉的空气，听着潺潺枫溪的声响，感受着来自远处湿润的微风，伴着远处青翠欲滴的山峦。这一刻着实美得令人恍惚，仿佛在不经意间时光倒转，周身环境不断变换，一时间似乎回到

水安桥

水安桥碑刻

了古代，能清清楚楚地看见在这座桥上来来往往、络绎不绝的旅人和村民，他们或挑着担，或带着孩子，或带着行李，或急走、踱步、徘徊。

水安桥坐落于江山市廿八都镇枫溪村，原是一座木桥，据史料记载，其建于初唐，被毁后于光绪年间修建为石拱桥。1996 年又毁于龙卷风，之后按原貌重建。该桥横跨枫溪，南北走向，为单孔半圆形拱亭阁式石木混合结构。桥长 20.75 米，宽 5.75 米，净跨 14 米，矢高 6.3 米。

起身向前，复行数十步，桥尽溪侧，便见万寿宫，宫侧古道口有一拱门，上书“枫溪锁钥”四字。入拱门，见溪东，便得一古道，古道两侧屋舍俨然，市肆林立，往来行人，热闹非凡。外观屋舍，雕梁画栋，亭台楼阁，风火墙高立，门楼端庄。行至旁道，豁然开朗，遥见枫溪古桥似飞虹驾于溪上。水星古寺傍桥面立，清净庄严，香烟缭绕，戏台高耸，殿宇宏伟，蔚为壮观。终至文昌阁，阁高三层，重檐歇山顶，四面出挑，雕栏玉砌，美轮美奂，登高远眺，青山绿水，幽静雅致。

至此，回首望去，凝视远处的水安桥，心中颇有感触：水安桥像是旅人的手札，默默地记录着廿八都的底蕴；它像是一个静默的留声机，无声地吟唱着廿八都的内涵；它像是一枚历史悠久的钥匙，牢牢地锁住了廿八都的沉淀。

水安桥是廿八都的魂，也是背井离乡在外拼搏的廿八都人的安魂处，寄托着成百上千从这里走出去的人们的思乡之情。就如同万寿宫的楹联所写一样，虽然运用了秋水、岸花、檣燕、明月、桥、枫溪营造出了“枫溪望月”的意境，让人读出了其中的诗情画意,但是却抹不去隐藏其中的淡淡乡愁。

无论是楹联的上联中“送”和“留”让人更能体会后一句中的“异土”，还是下联中化用“明月千里寄相思”的“共明月千里”，抑或是同为下联中与“今宵酒醒何处？杨柳岸，晓风残月”有着异曲同工之妙的“记夜醉桥畔，晓浮枫水”，都能折射出淡淡的忧伤，让观者深深沉浸在“他乡遇故知”的喜悦和“游子思乡”的愁绪中。

夜晚时分，一丝丝月光透过薄薄的云雾散落在夜阑人静的水安桥附近，静坐在水安桥上，呼吸着清清凉凉的空气，听着潺潺枫溪的声响，感受着带有芳草气息的微风，伴着近处鳞次栉比的土屋，这一瞬恬静得让人美得沉醉其中，仿佛不经意间眼前就出现了一个穿着白色连衣裙的小姑娘。她蹦蹦跳跳地来到你面前，背着手微笑着对着你讲述着一个名为“遗落在大山里的梦”的故事。

毓秀塘
一塘四用不混淆

自古以来，池塘便与人类的生活息息相关。古代文人，更是对池塘有着偏爱。“罗汉崖盘泉水涌，严冬塘中热气腾。不是温泉胜温泉，四塘组合功效全。”这是先人在路过常山县辉埠镇大埂村东边的毓秀塘时，留下的一首赞美诗。

毓秀塘，当地老百姓也称它为“井塘”。该

毓秀塘

塘最初是一眼泉水，汩汩不断，村民便掘成水塘。塘边还保留着残碑一段，记载着池塘开挖、取名、修缮、使用规范的历史。清光绪年间，村民用石板对池塘进行分隔，分为四块，塘壁均为块石垒砌而成，各塘沿及塘间过道采用红砂块石铺砌。塘北侧立有残碑，残碑现存部分宽 0.62 米，高 0.52 米，厚 0.06 米，阴刻楷体 18 列 285 字，记载该塘的历史，并规定了四塘用途。

毓秀塘有两个奥妙之处。一是奇。此塘水冬暖夏凉：冬天水面之上雾气腾腾，手入水中顿觉温热融融；夏天塘水则甘凉无比，仿佛刚从深山古井中舀出来一般。《毓秀塘记》记载："春而温，秋而和，时当炎夏而冷味凛冽，节届严冬而暖气熏蒸者，塘边之四时也。"二是妙。毓秀塘实际上分为四塘，科学设计，功能各异，泾渭分明。内塘是泉水之源，作为村民饮用水井；边塘作为村民清洗果蔬餐具之用；中塘最大，由内塘与边塘之水共同注入，用于村民洗涤衣服等；外塘位于中塘偏下，主要用于擦洗家用器具等；塘水经外塘后向东流入农田，灌溉农作物。毓秀塘一塘四用不混淆，实现了"一水多用"，充分体现了古人的用水智慧。

"四个塘各有用处，不能乱用，定期进行清淤。"有村民介绍说，村内作出了规定，谁要是敢越"池"使用，不仅会遭到村民的一致谴责，还将施以惩罚。

在残碑旁边，有一块立于 1991 年 10 月的"禁牌"，再次明确了池塘使用的六条村民"公约"：1. 饮水塘，只许村民饮水，严禁洗菜、洗澡、洗头、洗衣服，违者罚电影一场；2. 洗菜塘，只许洗菜、洗脸，严禁洗衣服，违者罚电影一场……

古村能聚百户千人，正是因为有这一眼清泉，一座池塘。大埂早在新石器时代就有人类居住，该村的新石器时代遗址是迄今为止浙西地区发现的唯一的新石器时代遗址。该遗址曾发掘出土了石锛、石镞、石矛、网坠（石制）等石制器械。出土的文物除了上述石器外，还有很多陶器的残片，而且陶器残片上还有各种不同样式的图案纹路，可见，当时大埂先民的生产力已经发展到一定水平。

大埂现有13幢保存完好的建于清末及民国时期的“徽派建筑”古民居，多为高墙封闭，马头翘角，墙线错落有致，青砖黛瓦，巍峨的大门楼，精雕习镂的门窗，参差有序的马头墙，雕梁画栋，色彩典雅大方，建筑用料讲究，建筑工艺精美。

背靠严谷山，怀拥毓秀塘，糅合了山水灵性的大埂，古朴而悠远，灵动而清新。2019年6月，大埂村被列入第五批中国传统村落名录。

古韵今风话传承

官庄桥

雄鸡护峙守安澜

“水浸千年松，搁起万年杉。”这是一句广泛流传在木工师傅中的一句建筑谚语，它的意思是说浸在水中的松木和放在干燥环境中的杉木，它们的使用寿命都很长。

而在常山县同弓乡关庄村，这里有座闻名百里的石桥——官庄桥，俗称鸡公桥。据说，这座

官庄桥全景

官庄桥近景

石桥的桥墩下垫的就是松木。

据资料记载，从鸡公桥中穿流而过的溪叫“金川源”，发源于常山县球川镇东坑村，溪水流经球川、龙绕、同弓、湖东地面，最后汇入常山江。

这条溪流，全长约 15 千米，溪水流量不大，走向却异常弯曲，落差最大处有 2.5 米，溪水水质很好，利于鱼虾繁衍。

鸡公桥东西走向，为六墩五孔红砂石质梁式桥，横跨在流经该村的龙绕溪上。桥长 26.05 米，面宽 1.25 米，墩与墩之间跨距约 3.4 米左右。东西两侧各有引桥，长均为 6 米，引桥略成斜坡，坡度约 15 度。桥墩分节并列砌筑，中间四墩出水向菱形，墩面两层出挑约 40 厘米，用以支撑桥面石，菱形上部石雕鸡头，其冠、颈、羽毛、翅膀雕饰精细、清晰，鸡嘴上翘，作拍翅啼叫状，故称之为“鸡公桥”。溪旁一棵巨大古樟树与别致的鸡公桥相伴，桥下流经着清澈的溪水，是一幅石桥、古樟、溪流相融的画卷。

据县志记载，该桥由清康熙年间胡村詹元璋建，里人黄华美重修。常山民间流传着“鸡公桥”镇蜈蚣精传说——

相传，清朝康熙年间，每年五六月时则会涨大水，洪水常常漫过河床，侵入两岸村庄和农田，不断造成灾害。百姓说，这是东山坑里的一条千年蜈蚣精出来作怪。

蜈蚣精虽可恶至极，但人们却束手无策，想不出除害的办法。那时，当地有位有名望的乡绅，平日里他积德行善，遇到灾荒之年就开仓济贫。他不忍看到水灾祸民，便决心出资在“金川源”上筑坝，抵御洪水。他的义举获得了乡邻的赞同，大家有力出力，有钱出钱，共同修建石桥。

后来，他请来能工巧匠，用了三年的时间，在水坝的近处修建起一座石桥，用松木垫在桥墩底下，保持长期不腐烂。又在四个桥墩上各刻制了一个公鸡的头像，两边的两个墩石下，嵌入铁制的三条蜈蚣，那石公鸡昂首挺胸，怒目圆睁，雄视上游，形象栩栩如生。因为有几只硕大的公鸡在水中“值守”，蜈蚣精吓得再不敢肆行冒进，从此，地方上平安得保，百姓安居乐业。

传说毕竟带着几分神话色彩，却寄托了当地百姓对治水安澜的期望。现在，英武的雄鸡昂然守护在桥边，历经数百年风雨侵蚀依然保存完好，传递着古人朴素的治水情怀和治水智慧。

水韵文脉谱新篇

东南阙里，儒风浩荡，四省通衢，五路总头。发达的交通使衢州成为各方文化的交融地，在代代衢州人敬畏水、治理水和开发水的过程中，水成了这方多文化、多地域杂糅交汇的土地上共同的文脉与灵魂，逐渐幻化出新的神采。

水韵文脉谱新篇

九华立春祭

大山深处的世界非遗瑰宝

减字木兰花·立春

春牛春杖，无限春风来海上。便与春工，染得桃红似肉红。　春幡春胜，一阵春风吹酒醒。不似天涯，卷起杨花似雪花。

〔宋〕苏　轼

九华立春祭

九华立春祭

2016年11月30日，以衢州柯城“九华立春祭”等为代表的中国“二十四节气”，被列入联合国教科文组织人类非物质文化遗产代表作名录。

千年风雨拍旧了阑干，几度春秋睥睨岁月沧桑，又有哪一种浪漫，能与源自农耕时代的二十四节气比肩？当我们亲近“九华立春祭”时，同时亲近的还有那些铭刻在节气背后的光阴故事。

水磨青砖，山岩石板，隔着寂美的古巷夕阳，行走在九华乡妙源村村口的梧桐祖殿外，竹海随风摇曳，半壁山色沉落在山脚那条名唤“庙源”的小溪中，泛起淡淡的雾气，美不胜收。梧桐祖殿的青墙黛瓦，天井中悬挂着的二十四节气灯笼，都会在每年的“立春”那天，被热闹的鞭炮声唤醒与点亮。

俗话说，年大不如春大。立春是二十四节气中的第一个节气，一直被视为春季的开始。每

九华立春祭

逢立春，柯城区九华乡妙源村都会举办梧桐祖殿祭春神句芒的庙会。作为华夏农耕文明的重要组成部分，九华立春祭已在三衢大地流传了千年时光——祭春神、敬土地、鞭春牛、迎春、探春、咬春……人们用最朴素的方式来迎接春天的到来，祈盼新的一年风调雨顺、吉祥如意。

2005年立春，梧桐祖殿开始了1949年后的首次立春祭祀。随后，衢州市民间文艺家协会、市诗词协会、市书法家协会的成员们纷纷为梧桐祖殿拟写了楹联，并完善了迎春仪式。在各方人士的共同努力下，梧桐祖殿久已流传、一度中断的立春祭祀仪式整体得到了恢复和完善，此番“春神出山”，引起了世人的广泛关注。

九华立春祭保存了完整的立春仪式，包括了迎春接福的准备，如布置案桌、悬挂二十四节气

九华乡妙源村，九华立春祭

灯笼、选择接春少男少女、鞭春牛、喝彩、春播等。以节气作为节日，体现了先人"天人合一"的思想。

立春祭回来了。时代的洪流曾冲淡消散了立春祭的记忆，而恢复后的九华立春祭，也吸引着来自全国各地的专家学者们。

2007年，中国民俗协会会长刘魁立先生第一次来到梧桐祖殿进行实地考察，调研指导衢州梧桐祖殿立春祭祀工作。"保存最原生态的民俗文化是目前的重中之重。"面对这座隐藏在大山深处的春神庙，刘魁立先生如是说道。

2011年，九华立春祭登上了国家级非遗名录，这个位于浙西小山村中的立春祭祀活动，成为一颗日渐瞩目的明珠。

2012年，来自中山大学非物质文化遗产研究中心的博士生导师王霄冰专门前来参加立春祭祀典礼，并细致地对整个立春祭作了完整的记录："这些生于斯长于斯、习惯于穿西装和牛仔裤的当代农民，一方面依然扎根农村，另一方面又具备现代人的眼光和管理能力，一旦他们认识到自身所拥有的乡土文化的价值，的确可以在传承家乡文化方面发挥出巨大的能量。"王霄冰将把衢州九华立春祭作为个案分析，在"中美非物质文化遗产论坛"中，她高度评价了九华立春祭，她认为，中国的神话是被历史化的过程，而九华立春祭的民间性、乡土性，体现了神话还在民间，它的祭祀活动是一场跨越时空的典礼。

2013年，非遗专家、省文化厅非遗处处长王淼在考察梧桐祖殿时这样表示："九华立春祭表达了人们祈求风调雨顺、五谷丰登、财物丰盛的美好愿景。通过'神'的造像来表达对天地的敬畏，促进人与自然的生态关系，敦促人们顺应季节规律，掌握自然常识，适时农耕。"

2015年春天，南京作家申赋渔慕名来到衢州。此前，他曾出版《光阴——中国人的节气》一书，通过节气生动地描绘了中国人和天地、神灵等的相处之道。在申赋渔的笔下，二十四节气是一幅幅诗意的生活画卷，是一种哲学式的生活艺术，但令他没有想到的是，在衢州的村落里，居然还保留着一座春神殿。得知这个消息，申赋渔兴奋异常，特地在既定行程之外，专门去了一趟妙源村，寻找那座供奉着春神句芒的梧桐祖殿。"我曾经以为，春神已经完全离我们而去，只是存在于故纸堆中了，没想到，在这遥远的山的深处，还有一个他的家。这是多么令人振奋的一个消息！在这个村庄中，我仿佛穿越了几百几千年的时光，看到了先民那种田园牧歌式的生活。”

当以九华立春祭等为代表的中国“二十四节气”被列入联合国教科文组织人类非物质文化遗产代表作名录的消息传到妙源村时，这个昔日安静的小山村一度沸腾，又很快沉静下来。只有村中静静繁衍的草木，因变换的节气而留下印迹。

也许，对于这里的村民们来说，无论“二十四节气”是否被列入世界非遗，它们都早已融入土地，成为生活的一部分。在漫长的农耕时代，节气不仅是农时的索引，更是一种从容应对生活的态度与智慧，人们在节气的滋养里顺着四时变更，聆听大自然的节奏、土地的心跳。那些美丽的名字——立春、谷雨、小满、霜降，它们如此妥帖地驻守在人们的身体与血脉中，指引着人们跟随时令喝茶、赏花，按照风俗祭祖、祝飨，回归东方田园与古典诗意的生活。

时空让古邑远逝，节气使记忆长留。在二十四节气串起来的时光中，九华立春祭仿佛成了一个杠杆的支点，撬动的不仅是藏匿于中国人记忆深处的乡愁，更是来自东方精神世界的绵延回声。

开化香火草龙

舞动千年，庆丰收兆吉祥

在中国古代神话传说中，龙王是水之主宰，因此中国千年的龙图腾，表达的是对水的热望与崇拜。

在开化农村，中秋节舞香火草龙是流传甚广的民间习俗，尤以苏庄镇富户村的香火草龙最为讲究、壮观。稻草为身的草龙，点燃香火，如火

开化香火草龙

制作开化香火草龙

龙飞舞，融艺术性、观赏性、群众性与原生态性为一体，寄予了百姓对美好生活的向往。

每年中秋前，富户村的香火草龙传承人、年高德劭的老人和村干部会提前一个月左右，自发地组成一个筹备组，准备中秋节的香火草龙之夜。筹备组将完成包括草龙及其銮驾队伍的道具制作，舞龙队伍的组成、服装、道具和预演等筹备工作。

程樟喜是苏庄草龙非遗传承人。他早年是村里有名的篾匠，年轻时便会帮着村里老一辈的人制作草龙，这些年来，更是在一定程度上把自己制篾的手艺融入草龙制作的造型中去。老一辈的人渐渐离去，程樟喜也成了村里年年带头制作草龙的人。

“香火草龙，制作特别需要细心，扎得不紧香火就会掉下来，不好看是其次，严重的还会发生火灾。”程樟喜说，草龙的制作技艺，最关键也最难的就是龙头制作。一条编制好的草龙，长度可达 40 余米，浩大的工程往往需要更多人来参与制作。“特别是龙身制作，村里的青壮年一有空都会来帮忙。”

经过 10 天左右的集体精心制作，栩栩如生的草龙及其“銮驾”已经放置在祠堂内外，插满了特制的香火。到了中秋佳节，村民们吃完团圆饭，就会集体前往富户村汪氏祠堂。

中秋香火草龙之夜由祭祀活动正式拉开帷幕。祠堂里摆起猪头香案接龙，两位老者首先点燃香火领着众人拜天地，谓之“呼龙”，意将“龙”迎来村庄。“呼龙”者由专门的祭司担任，围观村民在一边呐喊助威。

“呼龙”完毕，数声鼓点响起，待命的全体村民们，人人手中举一把松明火把，快速点燃龙头、龙身及仪仗上的香火。传说中给龙上一炷香，就可以许下一个愿望，因此村民们大多争先恐后，热闹非凡。

数分钟后，满载着全村愿景的香火草龙准备完毕。一时鼓乐喧天，鞭炮齐鸣，随着一声大吼，“龙”被高擎起来，完整迎入祠堂，在祠堂内绕柱旋舞数分钟，然后由滚地绣球开路，草龙从祠堂大门而出，各种“銮驾”在后，绕庄起舞。

香之火的星星点点，香之烟的烟雾缭绕。在夜色里，草龙变成火龙，浑身红光点点，万星闪耀，烟云缭绕，极具视觉冲击力。紧随其后的是那些“銮驾”，此刻它们好似有了生命，都变活了，飞舞的鱼虾、翱翔的天鹅等，惟妙惟肖。

香火草龙环绕村庄主干道而舞动，象征神龙在全村驱凶消厄。香火草龙舞到各家门前，则有小孩手拿红绣球，大人放鞭炮迎接。每当这时，鼓乐声、爆竹声、欢笑声、孩子们的喧闹声，一浪高一浪，人山人海。

草龙在全村环绕之后，会进入富户村小学的大操场，做舞龙表演。巡游表演时间由龙身上的香火燃烧时间所决定，一般所选用的特制香火只能燃烧一个小时左右，所以富户草龙的舞龙表演以套路紧凑、节奏明快而著称。

舞龙表演环节末尾，草龙身躯上的香火将要燃尽，此时就进入了香火草龙的最后一个环节：送龙归海。舞龙队伍将香火快要熄灭的草龙送至河边，舞龙队伍涉入水中，舞动草龙，最后在鼓乐和烟花爆竹的欢送下，将草龙及其“銮驾”送入溪流里，寓意神龙归去。点缀着点点香火的草龙被放入河流里，载沉载浮，在夜色里宛若真龙戏水，苏庄富户的中秋香火草龙活动至此结束。

苏庄富户香火草龙历史久远，其源起只能从神话和传说里寻找。传说中，一条千年修炼的白崖龙，每逢大旱之年必出龙洞到河海去兴法降雨，因未经玉帝准许，后被阻断于一座大山的龙洞内。在大旱连年百姓苦难之际，此龙托梦于乡人，于是人们将稻草扎成龙。秋天是稻作收获季节，获得丰收要舞草龙谢龙，即使歉收，也要求苍龙来年保护乡民五谷丰收。

据当地宗谱记载，明太祖朱元璋于元至正二十二年(1362)率部队到浙江云台(今开化苏庄镇)休整，正值中秋当地数条草龙舞比赛。朱元璋见草龙身上红光点点，组成的火龙惟妙惟肖，连称“神龙”。他非常高兴，认为这是做天子的预兆，并即兴吟诗一首：“岁到中秋八月中，风光不与四时同。满天星斗拱明月，拂地笙歌赛火龙。”

龙是帝王的化身，苏庄百姓又配“銮驾”相伴。如今，在富户村汪氏祠堂内，除了有草龙展示，还有草制的鱼、虾、蚌、鳖等。程樟喜介绍，因为龙是海里的，故“銮驾”队伍的成员也大都是海中生物。

苏庄草龙曾在“文革”期间被禁止，“文革”结束后才开始缓慢复原。20 世纪八九十年代，随着政府的逐步重视和民间对该项活动热情，中秋香火草龙民俗活动逐步恢复和完善。1982 年中秋，富户村再一次完整重现了传统的中秋节香火草龙活动，当年的草龙“銮驾”队伍里，特地增加了一块“古龙回乡”字匾。

现在，富户村的香火草龙活动已经和村中老人描述的传统中秋节草龙基本一致，回归到了其本来的面目，并且规模有所扩大。苏庄香火草龙是少数在中秋节进行的舞龙活动，其特色鲜明，活动主旨积极向上，表演效果精彩夺目，在本地民间的影响力极大。

近年来，随着香火草龙的恢复和保护工作日趋完善，大家都把目光转向其文化价值的深度发掘和利用上，村民们都说：“在做好其保护工作之余，要进一步开发和利用苏庄香火草龙的文化价值，让这一珍贵的非物质文化遗产带给大家更多的精彩。”

杨炯出巡

治水能臣享誉千年

杨炯，陕西华阴人。唐显庆六年（661）12岁时举神童，授校书郎，永隆二年（681）任崇文馆学士。据史书记载，唐武则天执政时期的如意元年（692），初唐四杰之一杨炯到盈川任首任县令。

杨炯到任后，在狠抓治安工作的同时，积极号召全县人民投入水利设施的修建工作。由于连

杨炯祠

杨炯祠

盈川清廉文化馆

年旱灾，百姓家底空虚，光靠口头号召难以奏效。为此杨炯想了一个办法，动员大小财主捐钱，由百姓出力来修建水利设施。为了实施这一计划，杨炯自己亲自带头行动。

杨炯在盈川山背的制高点，发现九龙溪中部有一个数百亩面积的大水坑。如果把这个大水坑修建成一个大水塘，可以解决四周及其下游数百亩粮田的灌溉用水。于是，杨炯亲自规划设计了这一水利工程，并将自己为别人撰写碑文所积攒下来的钱全部捐给了大水坑所属的白石里村。在杨炯的带动下，很快筹足了建设经费，并很快修筑成一个大水塘。塘以溪名，杨炯将这口水塘取名为“九龙塘”。其他各地的财主也纷纷捐资，修建村地的水利设施。杨炯在任职的两三年

里，就修建了“双盈堰”“祝塘”“蚂蝗塘”“太平关堰”“白石塘堰”“杜宅堰”和“钟山堰”等一大批水利设施，在当地的农业生产中发挥着巨大的作用。

相传杨炯到盈川任县令后，每年的农历六月初一必到附近的28都（相当于行政村）68村（相当于自然村）巡视。由于当时没有农药，庄稼的收成靠天赐予。然而杨炯所到之处，庄稼的害虫就会被白鸟吃掉，粮食丰收，六畜兴旺，人们身体健康，深得百姓拥戴。

出乎意料的是，公元695年，适逢罕见大旱，田地庄稼枯焦，百姓求神拜佛，杨炯心急如焚。当年农历七月初九，杨炯仰天长叹：“吾无力救盈川百姓于水火，枉哉焉！”遂为求甘霖，纵身跳入

“杨炯出巡”祭祀仪式

盈川潭，以身殉职。顷刻，电闪雷鸣，暴雨如注，旱情解除。朝中皇武则天见奏，得知杨炯祷雨捐躯解除旱情，题写“其死可悯，其志可嘉”。特此敕建城隍庙，敕封杨炯为城隍神，永享四季祭祀，香火千年不衰。唐中宗即位以旧僚追赠著作郎，文集 30 卷。唐玄宗则加封为“仁祐伯”。唐大历年间，唐代宗李豫再次加封杨炯为“仁祐伯”，并将原城隍庙扩建为三进三十二间。从那时起，当地百姓感其恩泽，称呼其为“杨爷爷”，建杨侯祠奉祀。此事在《万历龙游县志》《天启衢州府志》《康熙龙游县志》《嘉庆西安县志》等皆有记载。据清《康熙西安县志》载:“旧城隍庙亦在，其神即盈川公杨炯。”

从此，当地百姓为了祈雨，为丰衣足食、四季平安，每年的农历六月初一都要举行“杨炯出巡”的祭祀仪式。参加祭祀的包括原杨炯所经村庄的百姓，并按原出巡线路顺序进行。莲花镇山外村为第一站，经桂花、大山、上余、东山边、赵庄、饶家、金沟桥、老虎山、犁头山和高家镇田铺山、段家、烟山、水碓沿、常篷、大田畈。大田畈村为最后一站，总共经过 16 个村，28 个站点。

祭祀前五天，主事（现杨炯祠管委会负责人）就要敦促执事（即管委会成员）检查各类祭器、祭品是否齐全，有无损坏。祭祀前三天，执事必须负责把所有祭祀用的器具准备妥当，并擦洗干净，主事则要逐项检查。祭祀前一天夜里，城隍庙内灯火通明，膳房要准备好数百乃至上千个新鲜馒头，主事将杨炯塑像的绿色长龙袍脱下，擦洗全身后，换上红色长龙袍，戴上王爷帽，着人将杨炯塑像请上四抬大轿。

六月初一辰时（早上七点钟），城隍庙大门开启，此时山外村的数百名男女老少早早地等在门外。进门时，庙内的服务人员向每个来迎接的百姓分发两个馒头。临行前，祭官会对着轿中的杨炯塑像念祝文。大意是：“城隍公公，今天是六月初一，是您出去巡视的日子，您要保佑各庄百姓五谷丰登，六畜兴旺，男女老少身体健康。”念毕，村里早已选出的一批壮硕汉子便奔赴各自的岗位：前面是吹号鸣锣开道，随后是四人擎长柄兵器，四人擎木牌（回避、肃静、七品正堂、县令出行），四人抬轿子，还有擎掌扇的，抬香灯的。最后是其他百姓，每人都手擎一面龙旗，护送城隍爷爷进村游行祭拜。城隍庙内留下一名管膳食的执事，其他执事则随祭官伺奉在轿子左右。巡游队伍浩浩荡荡，蔚为壮观。

其间，进出村庄和祭拜时，人们会燃放鞭炮，以示隆重。进入村庄后,队伍在村里的祠堂前停下，供百姓轮番祭拜。祭拜时，祭官便双手合十，对杨炯塑像耳边反复念诵祝文，直到祭拜结束。第一个村的百姓祭拜结束后，第二个村的百姓就来接，如此这般轮流下去，直到最后一庄的大田畈村百姓祭拜后，全村百姓都手擎龙旗，敲锣打鼓，浩浩荡荡地把杨炯塑像护送回庙。这时往往已是晚上七八点钟，然后城隍庙管理人员再向每个护送的群众分发两个馒头，把杨炯塑像请回原位，换上绿色的长龙袍。至此，整个“杨炯出巡”祭祀仪式才算真正结束。

如今盈川已经被授予千年古村的称号，其中一个重要的原因就在于1300年来，“杨炯出巡”这一祭祀仪式未曾断过，瀫瀫江水从没有忘记他。

西坑畲族求雨

深山幽谷中的远古遗风

一走进衢江区举村乡西坑村，仿佛来到了世外桃源，这里山高林密，空气纯净，翠竹漫山遍野，山美、石奇、空气好，而且畲族文化浓厚。只见，一幢幢白墙黛瓦民居散落在山坡上，民房的一面面墙上绘着畲族生活起居的彩画，极具畲族风情。眺望远处，巍巍洞岩府，绵延起伏，让人流连忘返。

西坑畲族求雨祭之启祭拜神

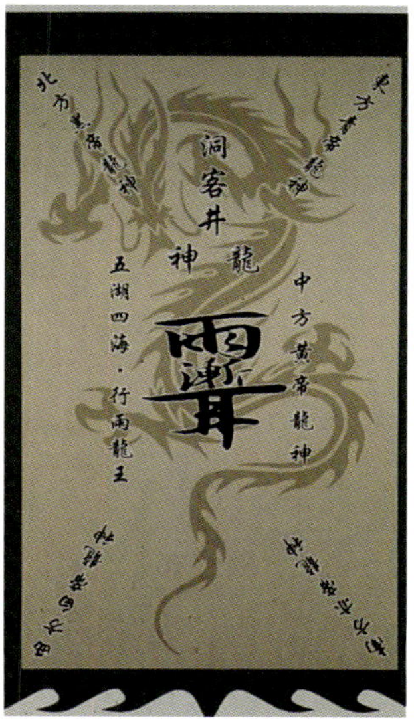

求雨使用的道具旗帜

西坑村位于举村乡政府西北方向10.2千米处，地处紫微山国家森林公园、乌溪江国家湿地公园内，是衢江区7个少数民族村之一，是“第三批中国少数民族特色村寨”，一直保留着原汁原味的古村风貌。西坑村也是浙江省3A级景区村庄，村内奇峰怪石耸立、危石峭壁横生，龙潭深不可测，飞流瀑布雄浑壮观，花草树林深幽葱茏，主要景点有古道、球状龙潭、红岩瀑布、红石滩、蝙蝠洞、和尚石、盼夫崖、马尾瀑布、巨龙顶等。

古老的小山村，镶嵌于崇山峻岭间，因为畲族居民的聚居，而增添了几分神秘韵味。

在中华民族的水崇拜观念中，雨是水崇拜最主要的对象之一。水是农业的命脉，原始农业的丰收在很大程度上是建立在风调雨顺的基础上的。在生产力十分低下的远古时代，人们的知识经验十分有限，先民们在自然界面前往往表现得软弱无力，但这种状况并不影响他们为发展生产、争取美好生存条件的愿望。可是因为先民自身能力的不足，只好借助超自然力量。直到今天，求雨这种神秘文化的某些因子还深深积淀在人们的心灵深处。

求雨也是西坑畲族的传统活动，主要由畲族特色饮食、求雨祭祀、求雨活动三个重要部分组成。除此之外，当地还有与求雨相关的传说、故事等，至今盛传。求雨活动涉及西坑村周边村庄，参与者数百余人。

历来每逢干旱年月，西坑村求雨队伍便纷纷踏至山中巨龙顶洞岩府求雨，同时也会有江山、遂昌、衢州以及附近村坊的百姓敲锣打鼓，抬着蛮师，吹着龙角，群群结队，吹吹打打，直上龙岸求雨。他们所到之处，沿途百姓要煮好饭粥等在路旁。求雨队伍中求雨人不得进入农家，否则不灵。求雨队伍中有人合手拿钢叉，路上若遇撑雨伞大箬帽的当即用钢叉叉去雨伞箬帽，以示避邪。求雨队伍上得龙井取得龙水后，由挑龙水的人将龙水洒向沿途各村所到之处，便会惊雷四起，乌天黑地大雨淋淋，队伍到哪里雨就会跟到哪里，历来有求必应，十分灵验。后因越来越多的人员出去打工谋生，逐渐放弃在村种植农作物，求雨祭也因此中断，求雨道具也就流失。近年来，随着非物质文化遗产保护热潮的掀起，在乡、村两级的努力下，2016 年到遂昌等地高价购入当年求雨道具，并重新聘请专业人士进行排演，使得求雨祭得以全面恢复。

开化大溪边祈水节

行吟在传承民俗与现代护水之间

“咚咚咚咚！”两面大鼓轮起苍凉悠远的鼓点，在山谷里升腾起回音；六支先锋面对苍天齐鸣,像是在呼唤着什么。祈雨文升腾起乡民的梦想，朴素而自然，多少支先锋撑起生命的翘望，多少面彩旗招展着丰收的喜悦，一年一度，祈水的祝愿在峰峦云雾间萦绕，在“锄禾日当午”中践行。

舞龙祈水

开化大溪边祈水节

开化大溪边祈水节

在那些涉水而行的日子里，一粒谷，要跋涉多少岁月，才能立在枝头？一片土地，要经历多少沧海桑田，才能将人与历史、现代与传统如此完美地融会在一起？农历五月十三，恰逢春播耕种前夕，在开化县大溪边乡大溪边村的大宗伯宗祠内，一年一度的祈水节活动如期举行。那些时而急促、时而深沉的鼓点，伴随着村中长者带着乡音的祝祷念白，构成了这片土地悠长而又醇厚的底色。

水是祸，吞噬一切，人类关于水的最早记忆便是灾难。女娲补天，记载人类对水的恐惧；精卫填海，记录人类对水的仇恨。《尚书》里述五行时有“天一生水”之说，而后水生万物，说的是对水的崇拜。《尚书大传》记载，“非水无以准万里之平，非水无以通远道任重也”，说的是对水的感恩。

祈水节

同时，水也是福，滋润万物，孵化生命。逐水而居，向来是人类的天性，“大溪边”这个名字，自古便与水有着不解之缘。在大溪边流传的民谚中，至今还流传着一条：“十天不下雨，田里冒青烟，大雨下三天，山洪淹村边。”据《开化县志》记载：“康熙六年开化六都（今大溪边乡）大旱，田地裂，山树焦，河沟枯，牙不发，粒无收。村民成群结队，点香跪拜，舞龙祈水。”这是有史可考的大溪边祈水节的雏形。

俗话说“九山半水半分田”，从地图上看，大溪边乡位于开化县城东北部，区域内山高地陡，地势落差大，逢暴雨成水灾，晴多了又成旱灾。在过去只能靠天吃饭的年代里，村民只有祈求老天爷赐福于他们，保佑一年风调雨顺，平安无事。因此，每年的农历五月十三都要进行祈水活动，以求给他们带来好运，年复一年便形成了有着500多年历史积淀的乡土民俗活动——“祈水节”。

在大溪边乡的传说里，“五月十三”还是“关公磨大刀日”。传说三国时的关云长，一生忠烈仁义，死后上天做了神仙，他忘不了伴随自己一生的青龙偃月大刀，每逢农历五月十三日便要磨刀，一磨刀天便降雨，以解天下旱情，民间称这天为“关公磨刀日”。

祈水仪式上，三位壮年村民敞头赤脚（或头戴斗笠）、身披蓑衣，各持三炷香取火点燃，村中长者手捧卷书，用当地的土腔高声念祈雨文：“水旱之灾，不以责吏，则以告神，为民司命。神不能当其事者，民不幸而罹其灾……一拜苍天在上，为民祈福！二拜神龙降雨，润我河山！三拜九州大地，万物不衰！”在大溪边人朴素的认知中，水是撑起生活的顶点，是生存的永恒起点。如今，这项有着500多年历史积淀的民俗活动已经入选浙江省省级非物质文化遗产保护名录，2012年1月，大溪边乡也被冠以“浙江省民间文化艺术之乡”之称。

“祈水节”期间，商人们搭棚设帐，摆摊吆喝，四乡八邻们也趁着这个机会逛逛庙会，走走亲戚，家家都会把来客当贵宾热情招待，山民的淳朴与热情，亘古如一。

按照惯例，“祈水节”活动持续三天，舞龙祭祀仪式是其中最重要也是最精彩的部分。在大溪边乡，村村都有舞龙的习俗，龙的种类也很丰富，如墩南村的板凳龙、大溪边村的布龙、阳坑村的草龙、上安村的柳叶龙……这些千姿百态的“龙”，形成了大溪边乡特有的祈水文化符号。每到祈水节，村村都要派出一支舞龙队或者文艺表演队伍，每户派出一名男丁，拉着本村的舞龙队、舞狮队汇聚在一起，逶迤婉转而出，随着紧密的鼓点，肆意翻腾，呐喊声、叫喊声交织在这蓝蓝的天空下。簇簇的人群中，涟涟的水波间，似在祈求着一年的雨润丰收。对民间来说，舞龙是最好的表达方式，也是最好的宣泄方式。龙身腾跃，是一年丰收景象，旌旗飘扬，是乡民一辈子梦想，敲锣打鼓，盛装百姓饱满的汗珠，也盛装他们的快乐与幸福。

如今的“祈水节”不仅是一次大型的民俗活动，更是当地政府和村两委积极组织村民开展水利建设的一个契机。作为开化治水行动的先行者，大溪边乡治水之路开展得如火如荼——各村纷纷组织村民筑坝修渠兴修水利，经过多年努力，大溪边乡已经成为一个环境优美、村民富裕的美丽乡村；“祈水节”的意义也得到了升华，这项“非遗”保护还走进了校园，走进了百年前的祠堂，静静叙述着村庄的变迁。

过去的大溪边，十年九旱，乡民望眼欲穿，目光水洗过一样亮，虔诚的心里有种子萌芽的阵痛，有禾苗拔节的情韵，有谷粒灌浆的律动，有分蘖时的呢喃，如果听仔细些，远处隐约传来收割的唰唰响声。如今的大溪边，乡民锣鸣开道，只因生命的一份期盼与等待，只为一场甘霖歌舞升平，只为一个百转千回的梦——那就让及时的雨来吧，跟着鼓点，跟着旌旗，跟着关帝爷雪亮的大刀！那就让清亮的水来吧，流经农地，流经乡村，流经每个人火热的心田！

后记

《源起衢州》是《浙水遗韵》系列丛书的重要组成部分，由浙江省水利厅统一指导，衢州市水利局主编，各县（市、区）水利部门通力配合，举衢州全市之力而成。它诞生于当前浙江高度重视以文化建设推动高质量发展的时代浪潮之下，是衢州地区第一本系统梳理全市域水文化遗产、挖掘衢州治水智慧遗珠、总结衢州治水历史经验、弘扬衢州治水文化精神的集大成之作。

《源起衢州》的编纂工作，是在全市水利部门全面开展水文化遗产调查的基础上进行的。为了进一步保护珍贵治水遗产、传承治水精神、厚植红色治水基因、弘扬先进治水文化，2021 年，在浙江省水利厅的大力推动下，全省水利系统开始了首次大规模、全覆盖的水文化遗产调查，紧紧围绕各地历史上卓有成效的生动治水实践，务求梳理出独具浙江特色的治水文化脉络。衢州市高度重视，市水利局专门成立了工作领导小组，由局党委副书记任组长，各县（市、区）水利局分管领导任副组长，组成由“市级技术指导，县级具体实施”的调查工作推进班子。同时，充分听取省水利厅和市县文旅、档案、教育、交通、住建、民政以及乡镇等相关部门专家学者的建议和意见，历时一年，最终完成全市水文化遗产调查和验收工作。整理并收录全市重要水文化遗产233项，其中水利工程遗产170项，相关可移动和不可移动遗产43项，非物质文化遗产20项。

在此基础上，为了进一步总结提升水文化遗产调查成果，同时实现水文化遗产的活化应用，2022年，浙江省水利厅主持在全省开启《浙水遗韵》丛书编纂工作。衢州市秉持着彰显地方水文化特色、赓续地方水文化精神和擦亮地方水文化名片的初心，通过进一步深入挖掘调查成果，反复推敲地域文化特色，多方征求意见，最终确定了以源头之水、解“渴”之水、筑城之水和通衢之水为四大特色，分“古堰清波千古流”“高峡平湖活水来”“东南阙里话安澜”“津渡帆影竞风流”“古韵今风话传承”和“水韵文脉谱新篇”六大篇章，系统展示衢州重要水文化遗产调查成果，以期能借此绘就衢州水文化遗产的“群像”。

全书编撰期间，有幸得到了浙江省水利厅和中国水利博物馆各位领导、专家们的倾囊相授，让衢州的水文化特色在一次次的思维碰撞中更显生动立体；还要感谢衢州日报报业传媒集团的鼎力支持，才使得衢州的水文化脉络在生花妙笔下，历历可见；同时特别感谢衢州三中退休教师李吉安老师，在衢州水文化遗产调查期间提供了许多方向上、思路上的建议，由他主笔的《瀫水吟波：衢州水文化》一书，对衢州的涉水历史、古城涉水文化、涉水文学、水路变迁等方面，有着非常深入的阐述和独到的见解，为本书的编写起到了开蒙之意。

由于历史原因，衢州水文化诸多史料不全、不详，本书无法概其全貌，只能见其一斑。此次编书工作为先河，受限编纂时间和篇幅所限，仍有许多珍贵的衢州水文化遗产未能收录进本书，此为一憾事。期待能借此抛砖引玉，吸引更多有识之士一同参与衢州水文化遗产的研讨中来，我们相信，众人拾柴火焰高，衢州的水文化金名片一定能越擦越亮，熠熠生辉。

编者

2022 年 12 月 30 日